U0857154

人气编辑眼中的
百种好书

彭卫国　庄智象　主编

内容提要

本书精选2015—2018年“书香上海——沪上优秀青年编辑新年荐书活动”中的百篇佳作，推荐图书为上海各出版社的精品图书，包括人文社科、文学、艺术、少儿、科普五个类别，旨在助力营造全民阅读的良好氛围，促进上海优秀出版物的宣传推广。

图书在版编目（CIP）数据

书香上海：人气编辑眼中的百种好书 / 彭卫国，庄智象主编.
—上海：上海交通大学出版社，2018
ISBN 978-7-313-19728-3

Ⅰ.①书… Ⅱ.①彭… ②庄… Ⅲ.①推荐书目—世界 Ⅳ.①Z835

中国版本图书馆CIP数据核字（2018）第156246号

书香上海——人气编辑眼中的百种好书

主　　编：彭卫国　庄智象
出版发行：上海交通大学出版社　　地　　址：上海市番禺路951号
邮政编码：200030　　电　　话：021-64071208
出 版 人：谈　毅
印　　制：上海锦佳印刷有限公司　　经　　销：全国新华书店
开　　本：710 mm × 1000 mm　1/16　　印　　张：14
字　　数：226千字
版　　次：2018年8月第1版　　印　　次：2018年8月第1次印刷
书　　号：ISBN 978-7-313-19728-3
定　　价：78.00元

编 委 会

序一

向用匠心做好书的编辑致敬

由上海市新闻出版局、上海市编辑学会共同主办的“书香上海·沪上优秀青年编辑新春荐书”活动，至今已经连续举办四年了。“书香上海”每年新年都特邀沪上出版机构的优秀青年编辑，每人推荐一种好书，四年来共收到上海 30 多家出版社 300 多位青年编辑的荐书文章。我们根据图书品质、文章水平以及“书香上海”官方微博、微信推送的阅读、转发和点赞量，每年从中评选“沪上最具人气青年编辑”。本书囊括了历届最具人气青年编辑推荐的 35 种图书，以及在出版社推荐的基础上加以精选的 65 种精品图书，涉及人文社科、文学、艺术、少儿教育、科普等板块，在某种意义上体现了近年来上海图书出版的基本走向和海派风格。

在上海书展创办十五周年之际策划出版这本书，我们有三点考虑：

首先，现在图书品种繁多，各家的榜单和书评也众说纷纭，读者如何浩繁的书海中找到自己心仪的高质量的图书呢？究竟有哪些好书，是不是能有人给出比较专业的建议呢？这 101 位青年编辑可以说是阅书无数，其中不少人还是各自领域的专家，他们可以以专业做书人的眼光来把自己心目中内外兼修的好书推荐给广大读者。

当下，很多阅读是浅阅读、碎片化阅读和所谓的轻松阅读。人们通过阅读来舒缓心情，选择一些轻松快乐的书，这没有问题。但如果只有浅阅读和碎片化阅读，则并不利于读者的自我提升。所以，我们希望以编辑荐书活动为纽带，将读者与更多好书联结起来，推荐品质图书，倡导深度阅读，不断提升阅读质量，从而引导图书市场格局的积极变化。

其次，策划出版这本书是向用匠心做好书的出版人致敬。从选题到撰著、从编辑到设计、从印刷到宣传，将文稿打磨成最终呈现在读者面前的图书，这些好书的背后倾注了编辑的无数心血，蕴含着编辑艰辛的创造性劳动。通过这本书，读者朋友们可以对编辑这种幕后的职业有一个全新的认识，了解到他们是如何想方设法做一本好书、做好每一本书的。

此外，策划出版这本书也是对“书香上海”编辑荐书活动的回顾和总结。在上海市新闻出版局、上海市编辑学会和在沪出版机构的共同努力下，沪上青年编辑荐书活动已经逐步发展成为分享、推荐好书、好编辑的平台，在上海乃至全国读书界都产生了很好的反响，而这本书正是这个平台创办与发展历程的记录和缩影。可以说，展示了 100 种思想精深、艺术精湛、制作精良的精品图书的这本书，凝聚着上海青年编辑的创意和智慧，反映了新时代读者阅读取向和兴趣的发展变化，也体现了上海出版同仁的新思路、新战略。

衷心希望这本书能够成为广大读者与好书相遇的一扇窗，每一位翻开这本书的读者都能找到自己心仪的好书。愿浓浓书香陪伴您的美好生活！

（彭卫国　上海市新闻出版局党组成员、副局长）

2018 年 7 月

序二

书是有故事的

书是有故事的。一是书里的故事，即作者通过文字和图片呈现给读者的人、物和事，传递给读者的情感和思想。书里的故事，读者自己能研读、能感受、能评判，做出喜或恶的选择。二是书外的故事，即作者的创作灵感、写作经历，编辑的发现、鉴别与打磨，以及作者和编辑思想碰撞并由此而采用的编排、设计和工艺。书外的故事往往鲜为人知，却能帮助读者更好地理解书里的故事。

编辑是图书的第一位读者，对书里的故事有自己的理解，编辑又是图书制作的参与者，对书外的故事了如指掌，酸甜苦辣感悟颇深。2014 年底，上海市新闻出版局策划启动“沪上优秀青年编辑新年荐书活动”，恰好为编辑讲述书的故事提供了难得的平台。为此，在接到作为活动协办方的任务时，我们欣然接受并全力配合。

活动于 2015 年元旦正式启动，至 2018 年连续举办四届。活动征集并通过“书香上海”微信公众号平台发布上海出版单位（含部分在沪外地出版分支机构、民营图书文化公司）近 300 个关于书的故事，引起社会各界广泛关注，吸引读者转发、评论数十万次。根据读者反馈和专家评选，我们从中挑选出 100 个更具代表性的故事结集出版，于是便有了这本讲述“书的故事”的《书香上海——百名人气编辑荐书》。谨此为好书喝彩，向作者致敬，给编辑点赞！

（庄智象　中国编辑学会副会长、上海市编辑学会会长）

2018 年 7 月

目 录

人文社科

「推荐图书」

《德政之要——〈资治通鉴〉中的智慧》

姜　鹏　著

上海人民出版社

上海人民出版社
微信公众号

「推荐语」

《资治通鉴》的普及读本

这些年，伴随着历史剧的热播，人们对历史的兴趣与日俱增，各种历史类书籍也开始畅销起来。但不难发现的是，当下不少受欢迎的通俗类历史读物，其作者大多数都缺乏专业的历史学训练，书中便也多有似是而非，乃至“荒谬不经”之语。不是说普通人不能言说历史，不能书写历史，每个人当然都可以且应该有自己对于历史的个人看法，我只是觉得，在这看法背后，需要有对于历史实相的尊重，对于学术界研究成果的尊重。那么，就需要专业的史学研究工作者出场了。

了解中国历史，自然以阅读中国传统经典史籍为要。其中，宋代司马光主持编纂的《资治通鉴》，作为传统编年体史书的最高峰，贯穿 1362 年的历史，其文字之精炼，气象之宏大，无疑是最为适合阅读的。姜鹏认为《资治通鉴》是一部有格调、有格局的书，他在《序言》中说，“古人常说‘腹有诗书气自华’，诗书能陶养人的性情、熏陶人的气质，那么像《资治通鉴》这样的史书，必然能使人胸有丘壑。已有的历史，复杂的变化，头脑中储存了无数这样的知识，必然增强人的思考能力和判断能力。一批伟大的人，用尽他们的生命来书写一部沉淀着千余年古人智慧的史书，必然能给读者带来更宽广的视野、更高大的格局”。

但是，对于普通读者来说，《资治通鉴》的篇幅实在过于庞大，即使不考虑古文的阅读障碍，每天只读一卷，能够坚持下来，也要将近一年才读得完。所以，出身于历史学专业的姜鹏，特别撰写了这样一本解读《资治通鉴》中的智慧的入门读物，可以让读者比较快地了解《资治通鉴》究竟在讲些什么。

尤具特色的是，《德政之要》不仅仅是《资治通鉴》的普及读本，更是由此认识中国传统文化的桥梁。中国古代读书人的基本人生追求，是《大学》中所谓修身、齐家、治国、平天下，而这便构成了本书的基本架构。同时，书中又引用了大量中国传统典籍，如《论语》《孟子》《尚书》《礼记》等，将中国历史置于中国传统文化的背景之中。由此，读者可以跨越时空，细心品味中国历史、中国文化的魅力。

［荐书编辑］

张钰翰

上海人民出版社

[编辑代表作]

《章太炎全集》《细讲中国历史丛书·宋史》“中国近现代日记丛刊”

[自我介绍]

买书，看书，最近加上带娃，形成了最基本的日常生活。作为一名编辑，每天忍受着无比杂乱的办公桌，只能寻求心灵的纯净。虽然做编辑，总有很多无奈，但能够为大家提供真正的好书，也是无比幸福兼幸运之事。希望能广交爱书之人，广读高人之书。

「推荐图书」

《五百年来王阳明》

郦 波 著

上海人民出版社

上海人民出版社
微信公众号

「推荐语」

通俗读物佳作

当下以王阳明为主题的图书品种众多，由上海人民出版社推出的《五百年来王阳明》是备受瞩目的一种。这本书一方面讲王阳明的生平经历，通俗地介绍阳明心学的要旨；另一方面则提倡发扬阳明心学的积极成分，为个人修身立志和国家民族发展提供正能量。从立意、写作、影响方面来讲，《五百年来王阳明》的确是一本通俗读物佳作。

这本书采用了传记体的叙述方式，用通俗的语言还原了王阳明的一生，介绍了这位历史名人是如何一步步成为圣人的。可贵的是，作者郦波先生在文字中展现了正面、积极的态度，面向大众发声，呼吁用阳明心学来充当价值担当。在接受访谈时，郦波先生谈到，讲王阳明是缘于自身对王阳明的推崇，愿意像王阳明一样，把个人感悟与广大读者共同分享；《五百年来王阳明》这本书，是多年积累和时代节奏的合拍，是应运而生的结果，不是为了学术研究，而是为了普通读者，是为了讲给每个人听，希望“哪怕是小学生也可以读一读，对人生有太多用处”。相信读者在阅读时，也能体会到郦波先生的这种用意。

中山大学桑兵教授说过一句话：“学术之事，随着时代风尚的变化有所转移，应是社会常态和人之常情，无所谓当否。不过，学问之道，还有万变不离其宗的根本，时事转移，只不过上下波动而已。”这句话原本是讲孙中山研究的，这里借用到王阳明身上，五百年来的阳明学说，表现出兴盛和沉寂的循环反复。从学术研究的角度看王阳明，他有其严谨的评价标准和梳理逻辑，不受外部环境的左右；而从走向大众的角度看，王阳明的事业功业、学说中的积极成分，又天然具有教育意义和劝导作用，在不同的时代能从不同的立意被提倡。在信息传播发达的今天，想要了解王阳明，有多种方式：可以读《传习录》、王阳明的年谱，可以学习学术界的研究成果，也可以阅读具有一定水准的通俗读物，毕竟大家品味各异，各取所需。《五百年来王阳明》正是这样的选择之一。

「荐书编辑」

肖　峰

上海人民出版社

[编辑代表作]

《五百年来王阳明》《魔都》《中国共产党与上海抗战》《文明的接触：希腊与土耳其的西方问题》

[自我介绍]

生于西藏，长于蜀中，求学岭南，现居沪上。理想状态：能读好书、编好书、写好文、画好画，再能撸猫，则至善矣！希望能与同道中人多多交流。

「推荐图书」

《葛剑雄写史：中国历史的十九个片断》

葛剑雄　著

上海人民出版社

上海人民出版社
微信公众号

「推荐语」

跟着葛剑雄读史

葛剑雄是著名学者，同时善于创作面向大众的通俗历史作品，他以其渊深广博的学识、鲜明率真的个性、畅达犀利的文风，赢得了广大读者的喜爱。

葛先生曾经说过，“历史是最容易吸引读者的。这不仅由于人类对往事与生俱来的兴趣，也是因为历史渗透到人类社会的各个方面，历史事实可以演化成无数内容丰富、情节生动、感情充沛的故事，断文识字的人都能接受。但中国的历史那么长，涉及的范围那么广，有了解不完的史实，讲不完的故事，没有人能够穷尽。如果能将图像压缩和识别技术的基本原理用之于普及历史，那么只要选择最富有特色或最稳定的片断，就能在优先的信息量之内，比较科学地重现历史。”因此，有了现在这本《葛剑雄写史：中国历史的十九个片断》，为我们重现一段段古代时空的悠远影像，伴我们聆听一声声历史长河的悠长回响。

在书中，葛剑雄先生以其独特的治史眼光和世相体悟，从春秋、秦汉、三国、南北朝、唐、五代、宋、元、明、清等朝代选取了十九个有代表性、并对当时及后代历史发生巨大影响的事件。或讲述时代背景，或传递人物声音，或勾勒事件经纬，或剖析世态心灵，夹叙夹议，以点及面，对中国历史进行了一次照相似的扫描。胡服骑射、轮台罪已、玄武真相、冯道长乐、厓山之后、乾隆“肃贪”……光看看章节名字就会引发我们对上下五千年的遐想，引起大家的阅读兴趣。细细读来，其中既有对今人不太注意的历史事件的深刻挖掘，也有对今人错误的历史认识的颠覆性纠正。“读史使人明智”（培根语），跟着葛剑雄读史，让我们了解中国，理解自身。

[荐书编辑]

薛　羽

上海人民出版社

[编辑代表作]

《文化与政治的变奏：一战与中国的“思想战”》《文化政治与中国道路》《美学散步（插图典藏本）》《民族与美学》

[自我介绍]

讲个老段子，一位美国女士读了钱钟书的《围城》，十分敬佩，要登门拜访。钱钟书在电话中说：“假如你吃了个鸡蛋，觉得不错，何必要认识那只下蛋的母鸡呢？”当然也许没什么人佩服编辑，编辑本身也算不上母鸡，顶多就是个“鸡窝”吧，用现在时髦的词儿倒是叫“孵化器”。尽管好像更应该默默做好幕后工作，不必抛头露面。但偶尔露一下小脸，或许也能让人了解一下鸡蛋的生产环境。本人每天在近现代出版史上著名的福州路一带上班，在上海人民出版社浓厚的人文学术氛围里，专注文化类图书的策划编辑工作。业余时间仍以阅读为乐，只可惜常常买书如山倒，读书如抽丝，积书满架，心向往之。愿为天下爱书人服务，因书结缘，相伴长远。

「推荐图书」

《中国传奇：浦东开发史》

谢国平　著

上海人民出版社

上海人民出版社
微信公众号

「推荐语」

讲述浦东开发的传奇

曾经，“宁要浦西一张床，不要浦东一间房”几乎成了所有上海人的默契。

现在，浦东寸土寸金，举世瞩目。

浦东究竟经历了什么？我试图从谢国平花费七年时间打磨的《中国传奇：浦东开发史》一书中寻找答案。

在谢国平书写的故事中，浦东在经历了漫长的蛰伏与考验后，迅速从一个不起眼的小地方，变成了扛起中国改革开放大旗的排头兵、先行者。浦东的开发开放，造就了中国传奇。

我更愿意将浦东视为改革开放舞台上的主角，用精湛的技艺演出了不一般的中国传奇，征服了世界；而谢国平就如同一位摄像师，用他的“镜头”记录下了浦东开发过程中的动人场景。

谢国平的“镜头”颇具其个人风格，我将之归纳为“四感”：

广阔感。浦东的开发开放始终没有脱离广阔的时代背景和全球背景，每一次的曲折和跨越都折射出中国改革开放乃至全球发展的起起伏伏。真可谓一滴水见太阳。

真实感。作为浦东开发开放的亲历者、记录者，作者以史学家之风范用翔实的资料推敲了历史细节；而同时作为一名新闻记者，他又以写实的手法将一切绘声绘色地演绎出来。

细节感。引人入胜的故事、浅显易懂的对白，仿佛重演了浦东开发的一幕一幕，一些渐被遗忘的细节又勾起了同时代人的点滴回忆，细腻而牵动人心。

使命感。浦东的开发开放不只是浦东的、上海的、中国的，更是世界的。背负如此使命，所有的文字仿佛都流露出“让世界重新发现中国”的坚定信念。

读罢这本具有通史性质的书，仿佛改革开放的主旋律电影在脑海中播放了一遍，曲折、紧凑的剧情让我无比动容，更引发了我诸多遐想。都说罗马不是一日建成的，但我相信，浦东做得到。现在，浦东用三十年走完了发达国家用两个世纪才走完的道路，书写了中国传奇。那么未来呢？我不禁期待了起来。

［荐书编辑］

沈骁驰

上海人民出版社

［编辑代表作］

胜利丛书、《新近中美经贸法律纠纷案例评析》《原来的下一站》《科学与政治之间》

［自我介绍］

上海人民出版社政治与理论读物编辑中心青年编辑。出生在 90 年的线上，喜欢用 80 后的视角思考，也喜欢用 90 后的方式卖萌。坚持用理性的思维做书，用感性的思维做人。注重书的颜值，更注重书的品质，因此最大的愿望是，时间你慢慢走，让我能细细打磨每一本书，无论是内涵还是皮囊。

［推荐图书］

《宋人轶事汇编》

周勋初　主编　　葛渭君　王华宝　周子来　编

上海古籍出版社

上海古籍出版社
微信公众号

［推荐语］

畅游宋人轶事之瀚海，感受宋代人物之温度

宋朝，也许是很多读书人心中最向往的一个时代。宋代文人多是经由科举而改变命运的平民，他们对于生境，似更多一份珍惜，也不乏因命运改变而来的历史责任，自觉于现实有所承担。欧阳修、范仲淹、苏轼、王安石、辛弃疾、陆游……一个个光辉闪耀的名字，数都数不过来。他们脾性不同，或温和，或桀骜，或沉稳，或跳脱，但共同的特点是才高八斗，一句“环滁皆山也”，一句“大江东去”，令多少英雄竞折腰；他们立场不同，有时甚至互为政敌彼此攻讦，但却都是心怀天下的正人君子，一句“先天下之忧而忧，后天下之乐而乐”，一句“家祭无忘告乃翁”，谁能感其心志而不动容？但更多的，还是一个个不那么著名，却同样参与铸造了那个朝代、那段历史的人物。

无论知名与否，那些人物最有趣最真实的事迹，永远不会在正史中被完全呈现。史书有其体例，大多数人根本没有资格在其中占据一席之地；即使可进列传的，事迹也必须经过选择叙述。因此，往往通过笔记小说中记载的正史不写的“轶事”，我们才能全方面地了解一个人物，或者说，看到一些细碎却生动的情节。比如简朴的宋仁宗，他大概也是对臣下最宽容的皇帝：某个谏官不修边幅，夏天都不洗澡，讲话激动了把唾沫喷到皇帝脸上……好脾气的仁宗一直忍到退朝，才忍不住对皇后吐槽一句：“今日被一唾臭汉熏杀！”凡此种种，令我审稿时真是既充满欢乐，又让人不能不对那个时代、那些人物打从心底里升起敬意呢。

总而言之，这是一套从形式到内容均精心打造的经典之作，既可供学者研究，又饶有文化趣味，适宜读者品味赏读。隆冬高卧，兴之所至，拈其一则，一定会带给我们许多的阅读乐趣。

「荐书编辑」

郭时羽

上海古籍出版社

[编辑代表作]

《宋人轶事汇编》《王荆文公诗笺注》《东坡乐府笺》《玉台新咏汇校》

[自我介绍]

喜欢读书，喜欢读书人，喜欢中国古典文学，喜欢带着中式元素走到任何地方。2007年毕业于复旦大学，进入上海古籍出版社工作。初上班万分惊喜：让我坐着看书，居然还发薪水，世上竟有如此好事！当然，很快就认识到编辑工作远不止是“坐着看书”而已，更得策划选题、联系作者、计算成本，要填得了表格，写得了书评；每天看稿能占到工作时间的一半已经很幸福。但仍认为这是最适合我的职业，没有之一。理想是退休后继续给上海古籍出版社看外审……

「荐书编辑」

刘　赛

上海古籍出版社

[编辑代表作]

《宋人轶事汇编》《杜甫：中国最伟大的诗人》《美的焦虑：北宋士大夫的审美思想与追求》《张岱诗文集》

[自我介绍]

自哂为一介书生，一本正经，外人评则不足道也。生平服膺荀子《劝学》之语：“无冥冥之志者，无昭昭之明；无惛惛之事者，无赫赫之功。”2010年离开校园即进入上海古籍出版社，从事一份可以不断积累、增长见识的工作，即使日出而作，日落而归，颇为奔波，仍不妨说“何其幸也”。从业四五年，深知无错不成书，但想想“取法乎上，仅得其中”的古训，我的理想还是编辑一本堪称完美的图书。

［推荐图书］

《碑帖鉴定概论》

仲　威　著

上海古籍出版社

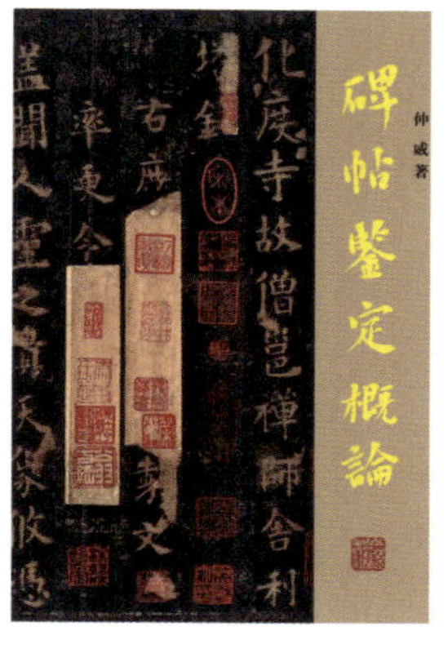

上海古籍出版社
微信公众号

［推荐语］

碑帖鉴定入门宝典，文艺青年修炼秘籍

三国时期有“士别三日，当刮目相待”的典故。若要令人刮目相看，读什么样的书能提升自身修养水平呢？如果您是位书法爱好者或碑帖鉴藏者，那么《碑帖鉴定概论》就是这样的好书，可称为进阶“修炼”的秘籍。

《碑帖鉴定概论》一书能成为碑帖鉴定入门的优秀读物，其原因有四：

一、作者为权威专家。碑帖是传承中国传统书法的重要载体，既然书法是古代文人“四技”之一，是知识分子必须熟悉和掌握的技能，那么学习、鉴赏乃至鉴定书法作为重要载体的碑帖也就成了古代知识分子的“进阶”要求。但是随着书法艺术逐渐脱离实用性，印刷出版物慢慢替代了碑帖拓本，大量的碑帖拓本又转入公藏，大众越发难以接触，碑帖鉴定之学已由大众显学变为小众隐学，碑帖研究也渐成“屠龙之技”。中青年书法家、上海图书馆碑帖课题研究组组长仲威研究馆员，拥有近二十年的碑帖鉴定经验，“数当今碑帖鉴定者，权威属仲威”（上海图书馆历史文献中心主任黄显功先生曾这样赞许）。

二、内容充实，理论联系实际。《碑帖鉴定概论》是碑帖鉴定方法论的总结，是作者碑帖鉴定的经验之谈，是真正的理论与实践相结合的产物。

三、作者金针度人，毫无保留，细述碑帖鉴定之关键。众所周知，鉴定是一门高深而难以掌握的技术，不少前辈鉴定大家对于鉴定关键之处，往往囿于种种原因而三缄其口，不轻易传人。但是对于普通鉴藏者，他们不仅需要知道鉴定的结论，更希望知道鉴定的方法与过程，也就是不单要知道“是什么”，更要知道“为什么”。仲威先生撰写《碑帖鉴定概论》就是为了能让读者知道“为什么”。笔者在接触《碑帖鉴定概论》一书前也深以为然。例如有前辈就曾面授笔者“宋拓”纸色当发蜡黄云云。经过一番亲身经历与实践检验，仲威先生认为“纸墨”鉴定法理论上可行而实际存疑。能在书中质疑权威“定论”，不误导读者，可见仲威先生所言均有感而发，言之有物，没有虚发空论，可谓毫无保留，金针度人。

四、获得专业领域肯定。该书尚未出版便得到专家肯定，当代著名篆刻家、书法家、收藏家童衍方先生欣然为此书作序，评“一册在手，能总揽碑帖鉴定之学”；该书还获得“上海市文化发展基金会图书专项基金资助”。出版后，在2014年上海书展中，该书的签售仪式异常火爆，获得媒体广泛好评；2014年末该书还获评上海古籍出版社年度优秀图书。

《碑帖鉴定概论》一书装帧精美，图文并茂，内容翔实，深入浅出，在碑帖鉴定领域中属于首创，特别适合广大书法、碑帖爱好者闲暇之余赏玩。若读者觉得光看《碑帖鉴定概论》还不过瘾，那么在难以接触碑帖拓本真迹的情况下，也可以拿被誉为国内碑帖出版“金字招牌”的《翰墨瑰宝·上海图书馆藏珍本碑帖丛刊》系列丛书来实践演练一番。

[荐书编辑]

孙 晖

上海古籍出版社

[编辑代表作]

《翰墨瑰宝·上海图书馆藏珍本碑帖丛刊》《明清稿钞校本鉴定》《洛阳新见墓志》《走近翰墨·名家书经丛书》

[自我介绍]

上海人。艺术学硕士。现为上海古籍出版社第三编辑室副主任，中国书法家协会会员、上海市书法家协会会员、上海市楹联学会会员。专长书法理论研究，在《中国书法》、《书法研究》、《书法》等专业期刊发表有论文十余篇；曾获全国书学讨论会三等奖；常年负责画册的编辑出版工作，责编有《翰墨瑰宝·上海图书馆藏珍本碑帖丛刊》、《北京大学藏西汉竹书》、《洛阳新见墓志》、《施蛰存北窗碑帖选萃》、《走近翰墨·名家书经丛书》等。责编图书获中国政府出版奖印刷复制奖、全国古籍优秀图书奖一等奖、华东地区古籍优秀图书奖特等奖、上海书籍设计艺术奖优秀整体设计奖等。

「推荐图书」

《思无邪：诗经名物图解》

[日] 细井徇　绘　　程俊英　译注

上海古籍出版社

「推荐语」

以名物见出《诗》的光芒

江户时代中后期距离《诗经》初传日本已逾千年。此时已涌现了大量《诗经》名物学著作，其中由细井徇编撰的《诗经名物图解》，考证严谨，图文并茂，成为这一时期的代表作品。这部书成为后人研习《诗经》鸟兽草木的上佳资料。书中由京都名匠绘制的水彩名物，每一幅皆为清丽堪赏的水彩小品，笔致备极精工，令人爱不释手，即使在今天看来，依然颇具艺术及收藏价值。

上海古籍出版社
微信公众号

此次出版，我们以日本国立国会图书馆白井文库本为底本，将《诗经名物图解》分为植物卷、动物卷 2 册，名之曰：《思无邪：诗经名物图解》。本书完整收录原书 207 幅绘图，涵盖 122 种植物、102 种动物；详细考证所有动植物的对应诗篇，无一留白，实现了“左图右书”的版式；所有名物均辅以现代文注释，冷僻字共注音 108 处，注明俗名的正名 5 处，便于现代读者阅读。

左边为名物图，右边为《诗经》原文

《诗经名物图解》原为和装经折本，原图皆有折痕，且因年代久远，时见漫漶破损，此次出版，对其加以全面修复：其一，采用现代技术，消除折痕，修复破损；其二，由专业排版厂手动调色，在8种特种艺术纸上反复打样、试色，确保原图细节生动、色彩协调；其三，采用锁线精装，每页绘图皆可平展，易于观赏；其四，封面、内文皆使用进口和纸，视感柔和，还原度高，使170年前的古图重焕新生。

为使读者赏玩名物时即可明了原诗诗意，我们采用中国著名《诗经》研究专家、华东师范大学古籍所教授程俊英所著《诗经译注》的白话民歌体译诗与原诗对照。《诗经译注》成于程教授耄耋之年，译诗风格温婉性灵，与原书绘图相映生辉。

千百年来，有关《诗经》的训诂、考据文献浩如烟海，原诗的面貌在历史的长河中渐行渐远。对于今天的读者来说，若能在这组江户时代的画卷中"多识于鸟兽草木之名"，或许不失为一种亲近《诗经》的理想方式。花木鸿为细井徇所作跋文中言及"名物正，则庶几乎诗人讽喻比兴之旨由是以益著也"，正印证了扬之水先生在《诗经名物新证》中所说的："接通诗与名物本来应有的联系，并因此而透现历史的风貌，可以更见出《诗》的光芒。"——相信这也是细井徇编撰此书的初心所在。

[荐书编辑]

闵 捷

上海古籍出版社

[编辑代表作]

《稀见明人文话二十种》《荷兰汉学家高罗佩研究》《思无邪：诗经名物图解》《九云梦》

[自我介绍]

生于上海，语言学及应用语言学硕士，2011年进入上海古籍出版社工作，曾荣获2016年度全国优秀古籍图书二等奖、第十八届华东地区古籍优秀图书奖。著有《曹雪芹走进了巴尔扎克的朋友圈》。

「推荐图书」

《考古学：理论、方法与实践》

[英]科林·伦福儒、[英]保罗·巴恩 著　　陈 淳 译

上海古籍出版社

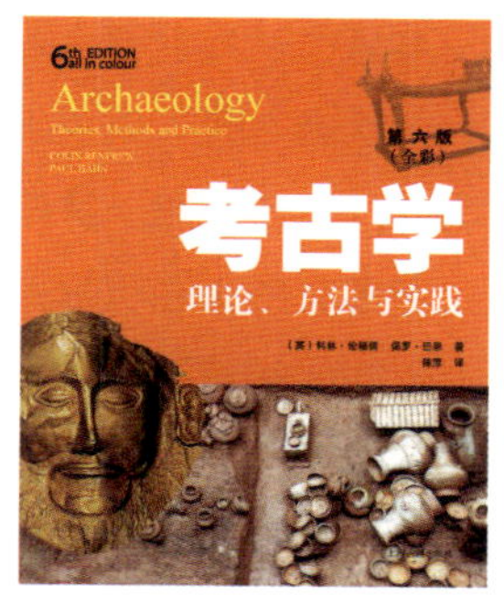

上海古籍出版社
微信公众号

「推荐语」

它告诉你，考古学家做什么与怎么做

陈淳教授翻译、科林·伦福儒和保罗·巴恩著的《考古学：理论、方法与实践（第六版）》，是最近三十多年来风靡全球、影响最大的一部考古学名著。此书自出版以来，紧随国际上考古的新发现、新问题而不断更新，至今已经修订了 5 次。

《考古学：理论、方法与实践》最新的第六版，对当下考古学方法和理论进行了最全面的介绍，为 21 世纪的世界考古学提供了一种全新和准确的综述。它涵盖了考古学的历史、理论、方法、技术和实践等多个方面和多个层次。

书中，科林·伦福儒和保罗·巴恩两位作者架设了“考古学框架”，以考古学史开头，介绍了考古学的成长和发展；随后以一个内在的逻辑向六个 W 发问，即“何物”（what）、“何处”（where）、“何时”（when）、“他们是谁”（who），“他们的环境”、“他们的生计和食谱”、“他们的技术”、“他们的贸易与交换”（how），以及“社会文化为何演变”（why），层层递进，不断深入。与此同时，书中阐释了“考古学与公众的关系”、“如何管理遗产”、“考古学的职业生涯”三个主题。在字里行间，作者揭示了考古学世界是如何受到流行政治信念的左右的，从中也可以看到，为何本书通篇总把“考古学伦理”放在显要位置的缘故。

此书为第六版，在内容上，对每一章和每个方面都做了重审和更新，新方法、变更的理论和新发现被收入其中，作者简要总结了 30 多个有影响的发掘实例，展示了考古学理论方法在实际中的应用。书中还精选了丰富而精要的彩色插图，经过作者的提炼，内容简明扼要，非简单罗列彩色照片可以比拟。每章节后的深入阅读资料指南，按照关键词列出相应参考文献，非常便于读者进一步深入阅读。书后还

附有考古学专业名词解释及大量的参考文献。

除此之外，本书与以往五版最大的不同，还在于装帧设计上，一改以往黑白印刷，从头到尾插入彩图和图表，颜色力求保留“原真色彩”，给读者展现了一个生动而多彩的考古世界。

本书的易读性是它受到广泛赞誉的原因之一，书中内容清楚简明，配上丰富而精美的彩色插图，读起来妙趣横生，非常吸引人。它服务的读者不仅仅可以包括初学者、门外汉，还可以包括从事考古工作多年的人。因而，它不仅在考古学方法与理论的导论课程上被教师和学生采用，而且也在田野方法班、考古科学班和许多其他课程中被采用。正如陈胜前教授所言：“这是一本有关考古学的百科全书，精要且便于拓展，适合所有对考古学有兴趣的人。全新的翻译，原真的彩版，值得拥有的案头参考书！”

［荐书编辑］

缪　丹

上海古籍出版社

［编辑代表作］

《佛教考古：从印度到中国》《中国古舆服论丛》《考古学人访谈录》《陶瓷手记》《战国秦汉考古》《三晋考古》《走向世界的明清陶瓷》

［自我介绍］

从考古系学生到考古图书编辑，出乎自己意料地适应这一转变。曾经幻想过战斗在田野考古第一线，也许运气爆棚，能够参与类似海昏侯墓的重大考古发现；而现在，为学者策划、编辑考古好书，也是与考古接触的另一种方式。2011 年离开北大进入上海古籍出版社，在编辑图书的过程中不断增长见识，虽未亲临考古第一线，但能向读者揭示考古背后的故事，亦何其幸也。

不求做得最好，但求做得更好。

「推荐图书」

《亲历中国丛书》

康　桥　秦　悦　主编

上海辞书出版社

上海辞书出版社
微信公众号

「推荐语」

跟随名人穿越时空亲历中国

萧伯纳、罗素、内山完造、伏波娃……他们的名字我们耳熟能详；他们都来过中国，未必人人皆知；他们对中国的评价更是成为历史档案。实际上，不论是 1913 年的内山完造，还是 1955 年的萨特和波伏娃，离我们都不久远，他们对中国的评述，我们有理由整理出来与读者分享。

在六本书中，内山完造的文字最具亲和力。他描述的场景都来自最日常的生活：小贩、保姆；饭馆、工厂；讨价还价、互助合作……中国人日常生活的细节，巷陌人家的理短都在他笔下活生生地展现出来。他抓住了中国文化、中国人性格中最突出的特点，但在笔触上却又点到为止，给我们留下足够的思考空间，至于他为何要把上海定义为“魔都”，亲自到书里去找答案吧！

罗素是哲学家，哲学家的语言向来晦涩。所以在选取罗素关于中国问题的论述时，我们同编者进行了充分沟通，将罗素在中国的五大讲演及其在《中国问题》中的精彩论述抽取出来，分割长篇大论，冠之以通读易懂的小标题，让我们能集中体会大师对中国的评价和预言。

泰戈尔在中国的谈话和讲演如同他的诗一样，美好而深远。如同泰戈尔的诗给包括习近平总书记在内的无数中国人深刻人生启迪一样，他亲临中国发表的演说也同样给了我们跨越时代、跨越国度的思考和启示。

1933 年 2 月 17 日，萧伯纳在上海仅仅停留一天，却在中国的政界和文化界掀起巨浪。如同其他大文豪一样，萧伯纳有着深刻的睿智，在与宋庆龄的谈话及回答中外记者的提问中，表现出的机智和幽默，事实上是他在那个混乱的时代对中国严肃的关怀。如今在上海孙中山故居纪念馆安静地摆放着萧伯纳访华的历史资料，当时的波涛汹涌只有在书中可见了。

萨特和波伏娃 1955 年受邀来中国访问，萨特称中国为“伟大的国家”，他更多地从政治、国家的角度解读中国。波伏娃的《长征》则像小说一样展现了她对新中国的观感。1955 年，那是 80 后的父辈们童年开始的时候，让我们穿越时空去感受一下吧！

［荐书编辑］

杨丽萍

上海辞书出版社

［编辑代表作］

《亲历中国丛书》《事物掌故丛谈》系列、《亲爱的咪咪噜》《口红》《旗袍》《中英日对照上海话教程》

［自我介绍］

爱阅读。尽管图书编辑将阅读作为职业，但是真正的阅读不会因为每天面对而心生厌烦，反而更会满心欢喜。带着职业眼光的阅读，会更通透，尽管挑剔不断，却也乐趣多多。

爱安静。与文字相伴的时候，必须静下心来。也只有静心潜读，才能发现好书，打造好书。做编辑的安静不是自我欣赏、游离世外的安静，而是脱离喧嚣、浮躁、散乱，能集中精神、能坐住板凳的定力。

「推荐图书」

《古籍导读》

屈万里　著

上海辞书出版社

上海辞书出版社
微信公众号

「推荐语」

古籍入门宝典　简明求真溯源

中国古籍浩如烟海，哪些书是要了解中国古代文化者必读的书？许多古籍的注本汗牛充栋，何种注本最便于初学者？对于这两个绝大多数读书人都有的问题，张之洞、梁启超、胡适等大学者皆有自己的回答，他们所作的《书目答问》《国学入门书要目及其读法》《一个最低限度的国学书目》等推荐书目今已为世人所熟知。继之而起的有章太炎的《中学国文书目》、顾颉刚的《有志研究中国史的青年可备闲览书目》等。但是这些在当时历史条件下所开出的书目，却未必适合今日之读者。在今天看来，这些书目有的过于繁琐，有的过于艰深，令初学者读之雄心顿熄，转身欲走。

台湾“中研院”院士屈万里在给台大学生授课时，就有很多“希望能在课外读些本国的古书”的学生面临此问题，故时任中文系主任的台静农便请屈万里开了一门课——古籍导读。上海辞书出版社近日推出的新书《古籍导读》即其讲义的整理稿。屈先生在书中虽未明言前述书目之缺失，但我们可以看到他处处在避免这些问题。

比如，他注重书目之针对性与实用性，针对的是对国学感兴趣的刚入门者，开列的书单仅有 39 种书。反观胡适所开的《一个最低限度的国学书目》含书高达 188 种，梁启超虽对胡适书目的偏和滥提出了尖锐的批评，但他自己的《国学入门书要目及其读法》收书也多达 150 余种。虽不能简单地说多就不好、少就好，但显而易见的是，数量一多会让人无从入手，正如梁启超批评胡适所说的：“文学史之部，所列《全上古三代秦汉三国六朝文》……我大略估计，恐怕总数在一千册以上，叫人从何读起？”

《古籍导读》中所列之书目不仅简，而且精当，对初学者该注意的要点、进一步学习可选择的书目也均简要介绍。试举一例：

“《楚辞》汉刘向编集。是书为辞赋之祖，故历来学者，无不读之。其中屈原作品，如《离骚》《九章》《九歌》《卜居》《渔父》《招魂》诸篇，最好能熟读成诵。初学可读汉王逸章句、宋洪兴祖补注本；如能再参阅朱子《楚辞集注》(八卷，又《辩证》二卷，《后语》六卷)及清戴震《屈原赋注》(七卷)，则更佳矣。”

寥寥数语，关键点粗备，读者可循之而行。

所要看的书目已有，但看书时要注意哪些问题呢？屈先生也为我们逐一道来。他花了不小的篇幅来介绍阅读古籍时应注意的两大问题：版本问题、伪书问题。之所以要注意这两个问题，皆意在求真，“吾人治学之目的，在求得真实之知识”。

除求真之外，治学还得溯源，故“古籍之要者，莫如群经”。屈先生在书中专门作了“经书(八种)解题”，对《论语》《孟子》《周易》《尚书》《诗经》《周礼》《礼记》《左传》八种经典作了详细介绍。

有此一编在手，则入门、求真、溯源、治学皆有路径，故特此荐之。

「荐书编辑」

朱荣所

上海辞书出版社

[编辑代表作]

《古籍导读》

[自我介绍]

有人说“干一行恨一行”，因为干一行才明白这一行的难处、干一行才深知这一行的辛酸，然而我至今依然爱之——亦恨然亦爱，亦恨然益爱。书中虽无千钟粟，但有真乐趣；书中虽无黄金屋，但有大智慧；书中虽无颜如玉，但有深情意。愿与书相伴，把寻常的时光变得丰满而温情；愿为他人作嫁衣，把更多的书稿编校、装扮，使之流转世间，寻找知音。

「推荐图书」

《重建的世界》

[美] 亨利 · 基辛格 著　冯洁音 唐良铁 毛 云 译

上海译文出版社

上海译文出版社
微信公众号

「推荐语」

三个巨变的历史时代，一以贯之的外交理念

在当代政坛，亨利 · 基辛格独树一帜。他是战后美国对外政策的主要设计者，迄今仍然是对美国外交政策具有影响力的重要人物；他是诸多珍贵历史瞬间的开拓者和亲历者，92 岁高龄仍频频往返于太平洋两岸。

《重建的世界》是基辛格的首部著作，它集中研究了 1812 年俄国击败拿破仑后世界各国为构建新的国际秩序所做的努力，尤其聚焦于英国外交大臣卡斯尔雷及其对手奥地利外交部部长梅特涅，阐述了他们在乱中求稳的过程中发挥的作用。基辛格在书中分析了两人错综复杂的斗争关系、各自国家的利益所在以及因此造成的外交局面。他们两人的努力为欧洲创造了一个近百年的和平时期，虽然可能无法满足理想主义时代人们所有的希望，但却给予了那代人更为宝贵的东西——稳定，使人们有机会去实现期盼，而不至于受到一场大战或长时期革命的阻挠。

当然，基辛格从来不打算将他的志向限于七尺书斋之内，而是孜孜于在历史经验中为世界格局寻找解决之道。他写作《重建的世界》恰逢二战后欧洲分崩离析之时，其目的正是希望从 19 世纪的那段关键时期里提炼出令今人受益的宝贵教训。《重建的世界》看似是一部讲述维也纳会议和亚琛会议的历史著作，实际上是借此描绘军事外交的基本原则：国际和平最好不是由法律或国际组织来确保，而是要依靠分散权力以克制强势者的野心来实现。本书奠定了基辛格外交战略思维的基础，基辛格此后的研究和外交生涯都致力于将其在这本书中所阐发的基本思想付诸实施，因此《重建的世界》可算是基辛格的思想源头了。

有趣的是，在 21 世纪初的美国，该书又一次吸引了公众的视线，这无疑是因为在伊拉克战争和阿富汗战争后。基氏均势外交理论再次引起热议，显然说明，基辛格及其外交理念具有持久不衰的教益和效应。

「荐书编辑」

缪伶超

上海译文出版社

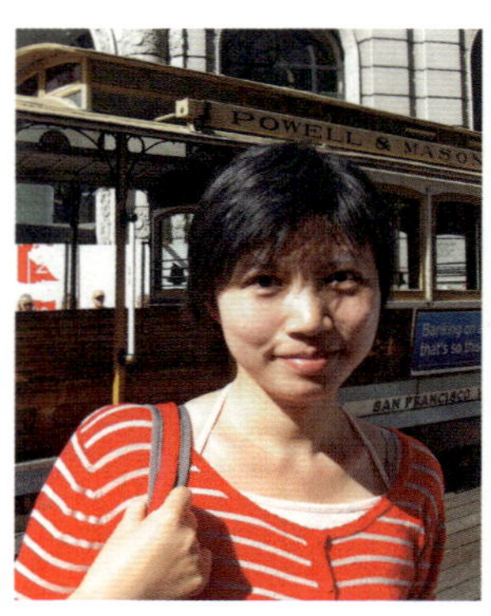

[编辑代表作]

《第二性》《重建的世界》

[自我介绍]

毕业于复旦大学，就职于上海译文出版社，一直为能进入出版行业而感到万分庆幸。

每编一部稿子，就像上一门精读课，不仅能与世界一流的文学家和思想家促膝长谈，还能向中国最优秀的翻译家求教切磋，有时甚至为一个词、一个短语的译法商讨数日。短短几年的编辑工作让我受益匪浅。

［推荐图书］

《历史学宣言》

［美］乔・古尔迪　大卫・阿米蒂奇　著　　孙　岳　译

格致出版社

格致出版社
微信公众号

［推荐语］

史学的使命

"全世界历史学家，联合起来！"布朗大学历史系助理教授乔・古尔迪和哈佛大学历史系教授大卫・阿米蒂奇在《历史学宣言》一书中呐喊道。

历史学家该如何向当权者讲述真理？这一点为何至关重要？就规划未来而言，为什么 500 年的视野要优于 5 个月或者 5 年？为何历史——尤其是长时段的历史——对理解造成当今社会种种矛盾的多重过去如此不可或缺？《历史学宣言》一书的目的就是向历史学家及任何思索历史在当今社会该如何发挥作用的读者吹响战斗的号角。古尔迪和阿米蒂奇洞悉了历史学近年来出现的向长时段叙事回归的大趋势，认为这种大趋势对于未来的史学学术和史学向公众传播而言至关重要。

在书中，古尔迪和阿米蒂奇首先指出了我们这个时代根深蒂固的特征——缺少长时段的视野，亦即一种称之为"短期主义"的顽疾。这种顽疾既存在于公共机构和私人企业，体现在他们缺乏从整体上对国家和社会未来负责的可持续规划，也存在于大学院校，尤其是人文社科领域。短期主义一旦成为危机中的主导思维模式，问题就出现了。因此，有必要回归长期思维，回归长时段，重新梳理历史和未来之间的联系，学会用历史反思未来。在大数据时代，历史学应承担起生活导师和时代仲裁者的使命和重任，在布罗代尔长时段理论的基础之上，以命运和自由意志意识、反事实思维和乌托邦畅想为思路，做到后顾与前瞻。

通过对气候变迁、公共治理和社会不平等等问题的关注与分析，《历史学宣言》凸显出长时段史学研究结合大数据分析的现实意义，展现了历史学家应当有的宽阔视野和考察大问题的雄心。如在论述气候变迁问题时，古尔迪和阿米蒂奇指出，回顾历史能够提供气候变化大辩论中大部分问题的答案，包括造成气候变化的人为因素、应对气候变化的措施等；在论及社会不平等问题时，两位作者援引经济学家托马斯·皮凯蒂的著作《21 世纪资本论》，指出库兹涅茨基于数十年的经济发展数据和皮凯蒂基于两百多年的数据得出的结论的差异，后者揭示了库兹涅茨经济理论的片面性和不足。《历史学宣言》用扎实的案例论证了长时段史学研究的实用性和力度。

《历史学宣言》是一本论证缜密、充满激情的史学专著，对人们论辩和思考历史学及其他人文学科在数字化时代的作用颇有裨益，适合决策者、社会活动家、企业家，以及普通听众、观众、读者、学生和教师等。

「荐书编辑」

张苗凤

格致出版社

[编辑代表作]

《中国对外援助：理论与实践》《指数随机图模型导论》

[自我介绍]

编辑是我在经过一段时间摸索后确定要从事的工作。能够如愿做着自己喜欢的事并立志以此为事业，其中的快乐不言而喻。攻读政治学专业的我，主要做的是人文社科方面的书籍。阅读人文社科书籍，有助于我们怀揣理性和情怀去理解人、社会、国家和世界。推荐此书，与君共享。

「推荐图书」

《大脑的情绪生活》

[美] 理查德· 戴维森　沙伦· 贝格利　著　　王　萌　译　　孙　涤　校

格致出版社

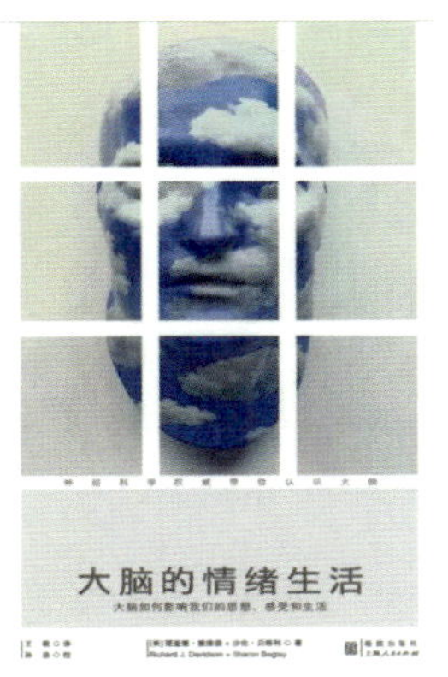

格致出版社
微信公众号

「推荐语」

积极心理学经典著作

为什么有些人是正能量的源泉，而另一些人是负能量的中心？

简单来说，《大脑的情绪生活》这本书就是要回答上面这个问题。本书作者理查德 · 戴维森曾被《时代》周刊选入 2006 年度“世界百大影响力人物”，是当今最杰出的神经科学家。

戴维森发现，我们每个人的性格都包含下面六种基本的“情绪风格”：

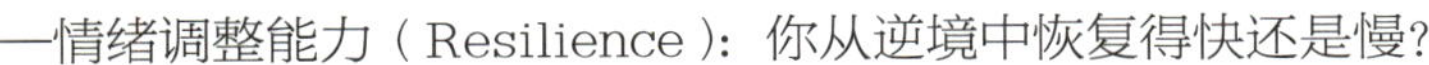

—情绪调整能力（Resilience）：你从逆境中恢复得快还是慢？

—生活态度（Outlook）：对你而言，积极的情绪可以持续多久？

—社交直觉（Social Intuition）：你是否善于从身边的人那里获取社交信号？

—自我觉察能力（Self-Awareness）：你对身体的感受是否敏感，从而易于觉察到自己的情绪？

—情境敏感性（Sensitivity to Context）：你是否善于根据所处的情境调整自己的情绪反应？

—专注力（Attention）：你的注意力是比较容易集中还是比较容易分散？

一个人的性格就是由他在上面每个情绪风格区间上的位置决定的。而每一种情绪风格背后，则对应着一种特定的神经活动模式。这是核磁共振成像技术等现代观测工具告诉我们的。为了得出结论，戴维森设计了精彩的实验，书中皆有详述。

神经决定性格，生理决定心理。但是事情还没完，这本书还分享了一个特别重要的发现，那就是神经可塑性——一个人长期做一件事情，他的神经活动方式也会随之发生改变！在小提琴大师的大脑中可以观察到，他们控制手指的脑区域在大小与活跃水平上都远超常人。

著名主持人杨澜在第 40 期金融博物馆读书会上，曾经推荐过《大脑的情绪生活》。杨澜说："这本书带来了一个非常有意思的信息：我们人的情绪模式是由三部分组成的，基因是一个部分；环境是一个部分，就是你从小成长的方式，你妈妈情绪反应的模式对你很重要；第三就是你行为的改变。而且行为改变的这个角度，东方和西方的哲学，包括很多实践居然在现代脑科学的前提下不谋而合地相互印证了。"

积极心理学最近炙手可热，而这本书正是一本积极心理学经典，它不但指出了各种性格背后的内在机理，还指出了许多自我性格塑造的方法。诚如书中所言，我们每个人都可以利用神经可塑性，改善我们的个性，提高我们的幸福水平。

「荐书编辑」

王　萌

格致出版社

[编辑代表作]

《营销管理》《一行禅师日常修心丛书》

[自我介绍]

作为学术编辑，我最大的遗憾可能是，自己做的书很难进入大众的视野，成为他们热议的话题。我也无法像文学编辑一样，将自己的书作为礼物送给亲友。但作者偶尔会在邮件中对我的工作表示感谢，读者也不时会在网上给我编的书点赞。正是这些小小的骄傲和感慰，让我坚持到现在。

业余时间，我喜欢诗歌和视觉艺术。我还是英格兰队的脑残粉。

「推荐图书」

《营销管理》(第15版)

［美］菲利普·科特勒　凯文·莱恩·凯勒　著

何佳讯　于洪彦　牛永革　徐　岚　董伊人　金　钰　译

格致出版社

格致出版社
微信公众号

「推荐语」

愿更多人了解营销与编辑

营销和编辑，这两者看上去并没有太多联系，但在担任了《营销管理》（第15版）的责任编辑之后，我更加意识到对于我而言它们之间有些微妙的关系。

读大学时，被问及我的专业是什么，我的回答营销，被很多人认为就是推销。其实他们误会了，推销只是营销的“冰山一角”，甚至有管理学家认为“营销的目的却是使推销成为多余”。参加工作后，被问及我的职业是什么，我的回答图书编辑，又被不了解的人定义为挑书中错别字和病句的工作。其实，工作的时间越久我越感到编辑是做书，做读者和作者之间的桥梁。而营销，是实现供应物的自我营销，是顾客与供应物之间的桥梁。读者就是购买书籍的顾客，而做书的过程不就是认识和了解目标读者，并通过创造、交付和传播优质的图书来获得读者、挽留读者和提升读者吗？营销学教授诚不我欺，“营销无处不在！”

一个学科的确立总伴随着伟大思想者及其极负盛名的著作出现，如同亚当·斯密的《国富论》之于经济学，彼得·德鲁克的《管理：任务、责任、实践》之于管理学。对于营销学来说，《营销管理》便是无可争议的学科奠基著作。而《营销管理》（第15版）是一个里程碑记录，反映了当前营销现实的最新进展。贯彻全书的是影响现代营销成功至关重要的三大力量：科技、全球化和社会责任。这本书在保留经典概念、指导原则和更新了案例的同时，又增加了数字化变革和数字化营销。在面对当今商业环境的数字化变革时，市场营销也展现了全新面貌。作者审时度势，对内容不断更新、与时俱进，使得《营销管理》尽可能全面。作为编辑，我们被作者的这种“工匠精神”所感染，不断引进最新版的《营销管理》，为国内的商学院和营销工业人员带来最先进的营销智慧。

《营销管理》中文版的各个版本见证了现代营销在中国的萌芽与发展。我见证了《营销管理》(第 15 版)的诞生，这本经典巨作于 2016 年 8 月在上海书展面世。编辑加工这本图书近 1 年时间，也是我人生非常特殊的时期，我的宝宝几乎和新书同时呱呱坠地。还记得拿到印好的新书时，我说这是我的另一个娃呀！百感交集，非常感谢 6 位译者老师以及出版社各个部门的同事们的共同努力。

「荐书编辑」

程 倩

格致出版社

[编辑代表作]

《营销管理(第 15 版)》《社交媒体营销》《金融工具手册》《信息与激励经济学(第三版)》

[自我介绍]

2006 年本科营销专业，2016 年成为编辑的第 4 年，担任被誉为“营销圣经”的《营销管理》(第 15 版)的责编。在做书的过程中，我感受到编辑是一个不断学习、不断进步的工作。我很享受这个过程，所以我想用心做书，用心做事，做一个简单而不平凡的我。

［推荐图书］

《中国（上海）自由贸易试验区海外人才离岸创新创业政策指引（2016 版）》

杨建荣　冯　伟　主编

上海科学普及出版社

上海科学普及出版社
微信公众号

［推荐语］

自由贸易试验区海外人才落户政策一本通

为助力上海科技创新中心建设，2015 年 8 月，国内首个在自贸试验区内试点设立的海外人才离岸创新创业基地正式揭牌。

为了更好地发挥人才集聚作用，帮助离岸创业的海外人才了解掌握在上海自贸试验区创新创业的相关政策，基地建设工作协调小组特组织有关专家、学者编撰《中国（上海）自由贸易试验区海外人才离岸创新创业政策指引（2016 版）》。本书旨在通过“灵便 · 创新创业”“高效 · 人才集聚”“实惠 · 融资扶持”“周到 · 生活配套”等板块的分类，对相关政策进行汇总、梳理和解读。

希望本书能为海外人才解疑释惑，为其落户上海、快速高效地解决各类实际问题提供参考。

本书亮点在于

从读者角度为每个版块的政策用一个关键词归纳，并在辑封以书法的形式表示，配以英语翻译，在第一时间让读者感受到海纳百川、兼收并蓄、追求卓越的上海特色，从而更好地、有针对性地发挥集聚海外人才的作用。

翻开扉页，是一张折叠式的大纸——“上海，我来了”。这一海外人才来上海自贸试验区创新创业的导引图，全方位向海外人才展示了轻松进上海的全过程。以思维图的形式把本版块政策以最具吸引力的语言，言简意赅地呈现出来。折叠纸上标注裁剪虚线，使纸上的内容和正文可和可分，方便读者灵活使用。

提供“互联网 +”的阅读新体验。在书中相关的政策旁，提供该政策的二维码链接，帮助对此感兴趣的读者直接获取该政策的电子版本，提高政策的宣传效率和宣传效益。

本书从筹划、汇编到成书历时近五个月。相关政策均选自国家和上海市有关部门的官方网站。在上海市科协、浦东新区区委组织部、浦东新区科经委和自贸试验区保税区管理局、张江管理局，以及复旦大学上海自贸区研究院、上海财经大学自贸区研究中心等相关单位的大力支持下，编委会精选文件，由相关专家学者执笔解读，并经数次修改完善，最终定稿。今后将以开放式丛书的形式出现，在基地建设最初的3—5年内，每年推出一册，及时宣传相关部门在根据离岸创新创业特殊模式需求、结合上海自贸试验区实践做出的制度创新。

［荐书编辑］

柴日奕

上海科学普及出版社

［编辑代表作］

《中国（上海）自由贸易试验区海外人才离岸创新创业政策指引》《知识产权问答》《大辞海·信息科学卷》

［自我介绍］

朋友眼中的我性格开朗、温柔大方，我才不承认我就是众人口中被黑的那个天蝎座女孩。我喜欢“欣赏”动植物，因为我连仙人掌也养不活。我是纯理科生，却从事了文案工作，大概这就是缘分使然。在编辑的岗位上，我还是蹒跚学步的追逐者、学习者。未来我希望自己能成为编辑行业的“杂家”，用心工作，为脚下的现在努力；用心生活，拥抱每一个朝阳；用心感悟，不忘初心，砥砺前行。

「推荐图书」

《大灭绝时代》

[美]伊丽莎白·科尔伯特 著 叶 盛 译

上海译文出版社

上海译文出版社
微信公众号

「推荐语」

警钟已敲响，为你也为我

作者伊丽莎白·科尔伯特是《纽约客》记者，为考察生态现场走遍地球各大洲。循着她的脚步，我们发现："当今正在发生巨变的范围是如此之大，以至于我可以随便去往某处，只要在正确的指引之下，都能发现灭绝的现象。本书中还有一章所讲述的灭绝差不多算是发生在我家后院里——很可能也同时发生在你家后院里。"

听起来像是生物课本里的遥远术语，却不知不觉成了我们时代的关键词：灭绝，这意味着某个物种在漫长的演化历程中永远消失。我们了解越多，就越是不得不承认：这场巨变的源头似乎正是人类，其速率与烈度或许一时比不上前五次大灭绝，但此前"确实不曾有别的生物像这样改变着这颗星球上的生命"。

此书甫一面世便获比尔·盖茨、阿尔·戈尔等人推荐，最终摘得2015年普利策非虚构写作奖。继2014年《汤姆斯河》之后，评委会再一次选中环保著作，然而，环保仍是人们最常挂在嘴边又最冷漠以待的主题：巴拿马金蛙要灭绝了？好的知道了。对人类而言，演化的尺度太大了，我们这一代未必有幸目睹蓝裙子的魔法。这令人想起约翰·多恩那段著名布道词：

"没有人是一座孤岛，自成一体；所有人都是大陆的一角，整体的一员；假如海水冲走一块土壤，欧洲便因此减损，与冲走海岬、你或友人的庄园并无二致；任何人的死亡都将我削弱，只因我蕴于人类之中；所以不要打听钟声为谁敲响；钟声为你而鸣。"

从前以为是诗人玄思，如今发觉是科学真理。每一个物种灭绝，生物多样性都因此减损；地球精巧的系统每一次扰动，都置我们全体于险境。金蛙也好，雾霾也罢，环保的危机在于：明明是人类共同犯下的罪，人人都以为自己无辜又无奈。然而，“在当下这个我们称之为‘现在’的伟大时刻”，我们无意间决定了演化之路的方向，“没有其他生物曾经做到这一点”。

读一读关于灭绝的故事吧，或许你会记住涓滴如何汇成洪流，我们这渺小的存在又是如何改变世界。警钟已经敲响，传入你耳时，或许已经太迟，又或许还来得及。

［荐书编辑］

莫晓敏

上海译文出版社

［编辑代表作］

《缘缘本本》《大灭绝时代》

［自我介绍］

中文系本科毕业，人类学浅尝辄止。

“每年必须出两次以上远门否则抑郁随时发作”综合征重度患者，为此不惜一切代价换取休假。

兴趣多发，然而无一持久，除了对书的嗜好。

爱岁时风土历史，爱听冷僻的知识，爱诗甚于小说，但对轻型幻想没有抵抗力。

理想是做出美貌与价值相匹配的经典作品。

「推荐图书」

《启蒙时代》(上)

[美]彼得·盖伊 著 刘北成 译

北京世纪文景文化传播公司

《启蒙时代》(下)

彼得·盖伊 著 王皖强 译

北京世纪文景文化传播公司

北京世纪文景文化传播公司微信公众号

「推荐语」

盖伊爷爷的盛宴：一边吞咽八卦，一边消化思想

看多了世间沧桑，人就容易不严肃。

比如，逃过了纳粹迫害，经历了学界纷争，活了 91 岁的犹太人彼得·盖伊，就是位给你讲段子的历史学家。

这位耶鲁大学历史系的老爷爷，在 18 世纪的故纸堆里，挖出了好些有趣的事情，他最爱干的，就是说正事儿的时候，插播几条八卦供君一哂……

启蒙哲人们生活在故纸堆里的 18 世纪，但是他们却创造了鲜活生动的启蒙时代。他们是一群现代异教徒，一边儿端着酒杯讲着荤段子，一边儿异想天开，谋划着思想造反。18 世纪的欧美，正处在一个伟大的时代，之所以说这个时代伟大，是因为对于我们现代人来说，不，准确地说，是对西方人来说，这是脱离摆布、发现自我的开始，这个时代肯定了人的价值，然后整个社会，从科学、艺术、政治到教育，都驶进了现代社会的轨道，也就是我们今天正生活其中的世界。

而在这本书中，盖伊爷爷会告诉我们，这些现代文明的创造者，都不是板着面孔的呀！

“尽管启蒙哲人都学富五车，却很少显得呆板沉闷，一般都能言善辩。启蒙哲人布丰创造了著名的格言：风格即人。启蒙哲人莱辛促进了德语文学的发展；启蒙哲人休谟不仅撰写了最专业的认识论论著，还撰写了最优雅的散文。实际上所有最优秀的作者都属于启蒙家族，这让严正的基督徒感到懊恼和沮丧。有些人讨厌伏尔泰的观念，但也争相购阅他的新作。这种对风格的重视与多才多艺的传统密切相关。启蒙哲人是一批文人，有时创作戏剧，有时从事新闻写作，有时著书立说，无论做什么都才智过人、妙趣横生。亚当·斯密不仅仅是经济学家，也是伦理学家和政治理论家——是最全面意义上的哲学家。狄德罗的才能毫不逊色，身兼翻译家、编辑、剧作家、心理学家、艺术批评家和理论家、小说家、古典学者和教育改革家、伦理改革家。大卫·休谟后期不再研究认识论，转向历史研究和政论写作，而常常被人诟病，说他背弃了自己的哲学研究使命。但是这种指责误解了休谟对于自己在这个世界中的位置的认识。他正在用作为杰出文人的特权来阐释尽可能多的人生经验，为有教养的公众写作，在这种实践中他既是一个生产者，也是一个消费者。”

写到这里，我只想借着盖伊爷爷的八卦告诉诸位，这个连教科书都绕不过的启蒙时代，绝不是思想的泛泛之谈，它是一个巨大的迷人故事。有男神周濂老师的评论佐证：

“为了便于理解，人们曾经用一些非常简单的模式去套启蒙运动，而彼得·盖伊的《启蒙时代》给我们呈现了一个非常丰富的图景，在我看来，这本书有一个非常重要的功能，就是它在某种意义上纠正了我们对启蒙运动的一些刻板印象。”

诸君如果觉得有趣，来，不妨进入这个故事瞧一瞧。

［荐书编辑］

贾忠贤

北京世纪文景文化传播公司

［编辑代表作］

《反抗“平庸之恶”》《荣耀与丑闻》《启蒙时代》（上、下）

［自我介绍］

宅若久时天然呆，呆到深处自然萌。

[推荐图书]

《蒙田全集》

[法]米歇尔·德·蒙田 著 马振骋 译

上海书店出版社

上海书店出版社
微信公众号

[推荐语]

蒙田的生活哲学与寻根之旅

上海书店出版社出版的《蒙田全集》(全四卷)是国内首次收录蒙田全部作品的合集,包括《随笔全集》《意大利游记》,以及书信、格言等集外文字。此外还附录《蒙田年表》,以供读者查阅。

蒙田的《随笔集》记录了蒙田不同人生阶段的思考,是一部独特的思想自传。蒙田在文章中论书籍、论虚空、论阅历、论死亡等等。蒙田的随笔贯穿着一条主线——人性。他从人文主义出发,指出人与生俱来的弱点和缺陷,要人首先看清自己,然后正确地对待自己、他人与自然。“只有不确定才是确定的,只有人才是最可悲和最自大。”他追问人性,陈述人性的谬误与悖论,但他并非是不可知论者和悲观主义者,他的目的在于使人类进一步认识自我,超越人性,完善自我。他这种超越人性的“生活哲学”具有极为现实的指导意义。

在出版了一部分随笔之后,蒙田突然离开妻女,撂下庄园管理外出旅行,并且一走就是十七个月,这次游历成为他创作《意大利游记》的宝贵素材。蒙田到意大利的旅行,是对文艺复兴进行的一次寻根之旅,是对古希腊罗马文化的一次朝拜。我曾在去意大利交流学习期间,重走文艺复兴之路,深切地感受到了意大利的风土人情,《蒙田全集》第四卷《意大利之旅》勾起了我满满的回忆,让我想起了马可·波罗广场的鸽子、翡冷翠的山居、莱茵河的绿波和阿尔卑斯山的白雪。

透过这些文字,时光交错重叠成影像,历史更迭却留下动人的脉络。如果您看过蒙田的《意大利之旅》,再去蒙田笔下的意大利走一走,看一看,相信您一定会有自己独特的感受,也定能领略到每个城市不一样的风情。

关于译者：

马振骋，著名法语文学翻译家，首届“傅雷翻译奖”得主之一。代表性译作有《小王子》《蒙田随笔全集》等。先后翻译了圣埃克苏佩里、波伏瓦、高乃依、纪德、蒙田等法国重要文学家的作品。著有散文集《巴黎，人比香水神秘》《镜子中的洛可可》《我眼中残缺的法兰西》等。其由上海书店出版社出版的《蒙田随笔全集》（全3卷）2009年荣获“首届傅雷翻译出版奖”，并被评为“2009年度十大好书”。

「荐书编辑」

孙语婧

上海书店出版社

[编辑代表作]

《庄子读解》《芳草长亭路》《蒙田全集》

[自我介绍]

不想当作家的编辑不是好翻译。一枚研究文艺学的女青年。毕业于师范院校，曾去欧洲交流学习。爱读书，爱生活，爱旅行。当我踏过下雪的北京，看过了夜的巴黎，才知道旅行的意义是寻找自我。

「推荐图书」

《论设计》

[法]斯蒂芬·维尔勒 著　来 哲 译

上海书店出版社

「推荐语」

思考设计

《论设计》是法国当代哲学家斯蒂芬·维尔勒（Stéphane Vial）的著作，说到著作，他更愿意称这本书是一本小册子，毕竟它只有短短几万字。或许读者会感觉到和我一样的疑惑，哲学家，与设计有什么关系？读完这本书，才会发现，从哲学的角度去论述设计，这不是简单的新颖角度，而是必要的建立方式。

上海书店出版社
微信公众号

作为一本32开的小精装书，黑色护封包裹住孔雀蓝色的封面。若说黑色是一种较为冷静、理性的色调，来衬托这本书充满哲学思维的内容，那么孔雀蓝的点缀就是在这份理性下的活跃与变化。猛一看封面，仿佛只有“论”一个字，因为“设计”二字比“论”的字号要小很多。为何？论：从言从仑，严明条理。这正是《论设计》想要做到的。

当我们查阅设计专业学生的考试题目，很难和艺术史区分开来；当我们翻开艺术概论、艺术史论类的图书，“设计”本身依旧如游丝般无形地掩映在艺术史的框架下，有时，它甚至在工程学的范畴内。《论设计》正是规避开其他学科的框架，来讨论“设计”本身，它抓住这些游离在艺术史、工程学中的“丝丝身影”，重新组合，去除掉由于构建在其他学科系统上产生出的模棱两可的讨论，仅仅集中在“设计”的内核上，因此，它是一本关于设计的“纯粹”的书。

《论设计》的阅读，是可分层面的。一个层面，是给普通非专业读者的，这本几万字的短论，在1.5个小时内基本就可以读完，小开本方便携带，是一次短途旅行中就可以完成的阅读。对于想了解“设计”的读者，不必搬着一本砖头厚度的书，在阅读完三章节的艺术史后还在提问：究竟什么才是设计？也不必担心因为读一本优秀设计师的著作而陷入一家之言的困惑。想了解设计，这 1.5 个小时就够了，它会从“我们身边”说起，设计发展的关键事件，热点讨论，由此产生的种种话题，都在里面。这么多内容吗？那么它的确是没有废话的。此外，书中页面有大量的留白，读者的笔记、手绘，也会让手中这本《论设计》更有个性化的设计感。

另一个层面，对于专业的读者来说，恐怕这本书的翻阅会多那么一两遍，甚至是对一段话的反复琢磨。斯蒂芬·维尔勒是一位哲学家，这是一本用哲学思维写就的短论，隐藏在一段段轻松讨论和介绍下的，是高度的抽象性、概括性、逻辑性，它将客观的事实与陈述、相互对立的观点与见解放在面前，引导着读者不断思考，或关于细节，或关于实践。是一次尝试，也是一个开始。

翻开书，你看到或许是设计，或许是一种思维方式。它不是通向问题终点的答案，而是尝试让我们找到一把合适的钥匙把门打开。

「荐书编辑」

彭亚星

上海书店出版社

[编辑代表作]

《阿尔贝托·贾科梅蒂》《安达卢西亚浪漫曲》《论设计》

[自我介绍]

在成为编辑之前我并不知道自己会喜欢这份工作。与书打交道的快乐就在于：他很沉默，但他知道整个世界；他温柔和煦，包容万千。我爱好很多，想知道很多，不断探索，获得新知才是最具新鲜感的事情。

「推荐图书」

《职场尤里卡》

科学家种太阳　著

上海教育出版社

上海教育出版社
微信公众号

「推荐语」

什么是尤里卡

尤里卡，希腊语 εὕρηκα，或者拉丁化之后的 Eureka，意思是“我发现了！”

我们在职场中，也会遇到这样或那样的困惑，也希望能有那么一瞬间知道正确答案，并且高喊出“尤里卡”。但有时，锁和钥匙并不总放在一起，而是跨越了看似不同、但道理相通的场景。就好像想发现浮力的原理，与其坐在实验室里不如躺在浴缸里一样，想弄明白自己职场困惑所对应的“尤里卡”，或许你也需要跳出职场本身的小场景，看一看在其他看似不同、但道理相通的领域里，到底存在着什么样的元规律。

美编在图书整体设计时也是十分用心地考虑了如何将“尤里卡”这一抽象元素具象地表达出来。首先，书名文字的设计旨在突出“大喊一声：尤里卡”，而获得了职场新生。背景图案用重复的职场人符号表现千篇一律的上班族过着日复一日的单调上班生活，而其中一个高亮的图案做了变异设计：表现了“尤里卡”后焕然一新的职场人生，同时图案上也寓意了“太阳”“光明”，和公众号“种太阳”的名字呼应。图书整体风格轻松时尚，符合年轻白领的审美。

这是一本关于职场答疑解惑的书。如果说市面上的职场秘籍随处可见，那么《职场尤里卡》则带有年轻作者的鲜明个性，堪称“职场书中的一股泥石流”。截然不同的文风来自作者自身对于“有趣的灵魂”的追求，从上学到读研，从新人到年薪百万，从辞职到他乡创业，从休假到做自媒体，作者尝试了多种可能的路径。在本书中，作者毫无保留地将个人经验呈献给读者，从具体的职场问题入手，通过“问答 + 故事 + 分析 + 总结”的多重方式，用清晰的逻辑解读职场规则，用理性的思维实现职场进阶。幽默的语言，新颖的观点，犀利的视角总能发掘出新的惊喜。

全书围绕以下几部分展开：

求职坐标系，指引方向，划分区域；

打工方程组，合作配合，权衡利弊；

老板不等式，上下管理，撬动人脉；

涨薪微积分，积少成多，寻求爆发。

在“互联网 +”时代，我社积极投身于从传统出版向自媒体出版的转型。《职场尤里卡》就是我们从网络平台发掘作者、服务读者，线上线下共同营销，将网络付费阅读与纸书体验完美结合的一次尝试。相信有了更多跨界的合作，与多媒体融合，上教社定会为大家带来更多受市场欢迎的新书、好书。

［荐书编辑］

公雯雯

上海教育出版社

［编辑代表作］

《寻访大学》《一生秉烛为教育》《老师的一半是妈妈》《职场尤里卡》

［自我介绍］

毕业于华东师范大学职业技术教育专业，现为上海教育出版社职教分社编辑。每本书都是一段美妙的相遇，遇见独特的作者，遇见有缘的读者，遇见更美好的自己。希望用热忱和努力，为读者奉上更多的阅读精品。

[推荐图书]

《市井图景里的中国人》

[英] 哥伯播义 著　　刘 犇 邢锋萍 译

学林出版社

学林出版社
微信公众号

[推荐语]

西人笔下晚清生活图景

因为是法语系出身，之后又学了比较文学，所以我对于文化间的交流、碰撞有着由来已久的兴趣和敏感度。《市井图景里的中国人》这部书稿最初是宁波一位中学校长拿来的，作者哥伯播义是他们学校的两位创始人之一。他们在整理校史时偶然发现了这部有趣的作品，于是委托校内一位年轻的英语老师将其翻译为中文出版，希望将其作为对学校创办者的一种纪念。就这样，我与这部译稿邂逅了，它的文字与故事迅速激发起了我的热情。之后，顺理成章地，我便凭着对这一领域的熟悉，由这本书开始，策划出了一整套丛书。而这部译稿，在刘犇、邢锋萍两位译者的通力合作之下，历经多番修改校订，不仅面貌焕然一新，更成功地展现出了它超乎一般纪念性图书之外更多的价值与意义。

作者哥伯播义是一位在 19 世纪中期来华的英国传教士，他生活在宁波，主要活动于浙江地区。在前后八年的中国生涯中，他接触到了形形色色的中国人，显然，他们也给他留下了深刻的印象。于是，他在回国后不久，写下了这一本讲述浙江风土人情的随笔。本书以一位中国画师提供的 30 多幅版画为线索，用典型的英式幽默，讲述了他所观察到、了解到的一桩桩趣事，并由此勾勒出晚清时期浙江地区的市井百态。他所感兴趣的是这些生活场景中所包含的浓郁的异域风情。借助一个外来者好奇的目光，哥伯播义成功地捕捉到了一些中国人因司空见惯而有所忽略的现象和事实，正是这种因文化差异而带来的观察与比较，使他写下了这本描绘当时各行各业中国人面貌的著作，也为晚清时期浙江地区的市井生活留下了一幅生动的画卷。

作为编辑，我或许会更多地关注著作本身在历史上和学术上的价值，比如这本书对民俗学研究的史料价值；但作为它的读者，我更赞赏的则是《市井图景里的中国人》一书的趣味性和可读性。这也是为什么我将这本书在新年之际推荐给大家的缘故。工作之余，放在手边的首先应该是一本轻松有趣的书，不是吗？

「荐书编辑」

李声凤

学林出版社

[编辑代表作]

《市井图景里的中国人》《欧美汉学丛书》

[自我介绍]

北京大学法语系硕士，北京大学中文系比较文学与比较文化研究所博士。译过书、编过书、写过书，如今正行走在做书的漫漫长途上。虽在出版界还是一枚新兵，却早已与书结下了不解之缘。可文艺可学术，可轻松可严肃。喜欢多元的文化、多彩的世界、有质感的文字、有趣的书。

「推荐图书」

《唐宋御宴》

王明军　著

学林出版社

学林出版社
微信公众号

「推荐语」

舌尖上的御宴肴馔

唐宋御宴是中华美食的巅峰。纵观华夏五千年饮食文化的发展，唐宋时期最为辉煌。不仅在选用食材、调味料上更为大胆，还开发出了各种“奇异”的烹饪手法。从韦巨源宴请唐中宗的烧尾宴和张俊献食宋高宗的御宴肴馔即可窥见一斑。

使用“压力锅”来蒸乳饼，利用太阳能炙虾，用烧酒制出火焰……各种创新烹饪层出不穷，即使放到今天，仍令人啧啧称奇；更不用提这些御宴肴馔的品相都不赖，大多会做成漂亮的花形，馄饨要做出 24 种花形馅料，又如“饼素蒸音声部”这道菜，用纯面粉制成七十个服饰、姿态、面部表情各不相同的面人，好吃又好看；还有麻油馓子、羊肉泡馍、粽子、寿司、饼干、盖浇饭……也是早在唐代就已有雏形。

当然，除了这些创意菜之外，御宴当然也少不了“富丽讲究”的菜肴，金银夹花、鳝鱼炒鲎这样的功夫菜，羊皮花丝这样考究刀工的菜肴，一道升平炙耗费了三百只羊、鹿舌……不得不感慨古人真会享受。

作者王明军，系美食独立撰稿人，酒店职业经理人，上海食文化研究会资深会员。会吃，也懂吃。他多年来致力于我国食文化研究工作，积数年研究成果，几番修改，方成此书。

《唐宋御宴》一书以全新视角撰写，详细解读了唐代烧尾宴 58 道奇异肴馔和南宋御宴食单的 15 盏下酒菜。不仅使后人得以窥见和想象当时宴席的盛况，更向人们展示了一个历史的变迁。通过研究这些御宴肴馔，可以让人们了解唐宋时期各阶层、各宗教对食文化蓬勃发展的参与，以及与西域饮食文化的交流对华夏文明的影响。历经千年传承，这些肴馔有的已经湮没于历史长河，有的成了各菜系的传统菜肴，但均已发生了诸多变化，难以考证。只有真正热爱美食、愿意长期在研究领域辛勤耕耘的人才能读懂它们。

本书也为新疆阿斯塔纳出土的唐代不知名的食点与烧尾宴的相关面食做了研究论述，同时也为食文化研究长期没有得到解释的一些菜名作了解读，像南宋御宴中的“假公权”、“炸肚”、“荔枝白腰子”等菜名与食材的解读，以其独特的视角，缜密的剖析，令人信服地填补了这些研究领域的空白，纠正了误读。

全书配图多达 200 幅，使读者得以直观地感受御宴魅力，是一本越看越馋的书。快翻开书，和我一起大快朵颐吧！

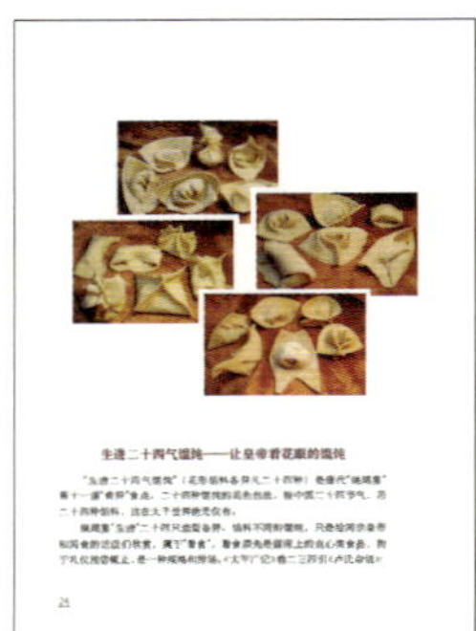

［荐书编辑］

薛　莹

学林出版社

［编辑代表作］

《元杂剧观止》《我的吃酒》《营在户外教育》《唐宋御宴》

［自我介绍］

毕业于华东师范大学中文系，长于古典文学。从小酷爱阅读，阅读兴趣广泛，尤其喜爱从各类社科书籍中汲取知识。选择中文系，极大的原因便是向往晒着太阳泡图书馆的生活；工作后也延续了这一爱好，更因成为编辑而终日与文字相伴。生活中奉行知足常乐，往往被细小的美好事物打动，在旅途中吃着地方美食，最喜欢倾听城市曾经的故事了

「推荐图书」

《历史有魏道》

魏　新　著

上海文化出版社

上海文化出版社
微信公众号

「推荐语」

有味道的历史书

《历史有魏道》(以下简称《魏道》)，作者是“百家讲坛史上最年轻的主讲人”魏新，以系列讲座《东汉开国》闻名。其实在此之前他是一个文学作家和诗人，后来才走上解读历史的路，因其独特的讲述风格和思维方式，颇受大众喜爱，从此一发而不可收。现为全国青联常委。

本书是魏新的第十本书。主要内容脱胎于一档同名网络视频脱口秀节目，作者自谓“算是一点读史心得，有没有门道不好说，味道还是有一些”。

作为一名历史专业的“科班生”，我个人认为，这本书的“味道”不止“一些”，还是相当有味道的。

在编辑过程中，原稿因为是“脱口秀”的范式，不管思维、结构还是文本，都是发散性的，跳跃性比较大，而且大多都是独立成篇，所以显得散乱。如何处理好这一问题，是我与作者慎重思考过的。最终，我们商定用作者及其诗友的六篇带有“历史感”的短诗做一个区隔。即，将全部内容重新分门别类，按每首诗的主旨进行归整，使“诗”的高度抽象与“史”的具体而微相黏合，呈现出一种别样的寓意。

这一过程，也是“解读历史”的一般过程。对于大多数人来讲，历史难以穷究其本来面目，只能进行个性解读；历史又如一盘散沙，难以把握。千差万别的解读，需要有一点灵魂加以统领。夫子云“文质彬彬，然后君子”，文质彬彬，便是要让历史有灵魂——历史本身的灵魂，解读的灵魂，思想的灵魂。

中国历来有“诗史”“史诗”之说，从《诗经》开始，诗就兼具文学与历史两种属性，以诗记史、以诗解史，更是中国学问的传统。而《魏道》采取的以现代诗概冠于古代历史之前的方式，从结构上创造了一种“古老”与“现代”的合理冲突，展现出一种独特的阅读张力，这是令人耳目一新的，也得到了大批读者的认可。

宋代文豪苏洵有句名言：经以道法胜，史以事辞胜。历史的叙事一贯强调故事性，《魏道》在故事性这一点上，也是极好的，这源自于作者比较俏皮的思维方式和幽默的讲述手段。不信，大家可以随便撷取几篇试读一下。

“历史是时间，是生命，是记忆，是忘却，是经验，是教训，是黑洞，是真相，是谎言，是大数据，是互联网 +，是光，是声，是电，是科学，是巫术，是现在，是未来。历史，就是历史。”这是作者在自序中说的一段话，比较全面地“道”出了现代人对于“历史”的感受。然而遗憾的是，由于工序流程中的疏忽，首次印刷的时候竟然落了这篇序言，让人不知来龙去脉，有些摸不着头脑，这也算是一个乌龙吧。当然，开篇没有废话，直奔主题，也符合历史的情境需要一下子直接进入的真谛，相信《魏道》一书会让读者不虚一品。

［荐书编辑］

张荣波

上海文化出版社

［编辑代表作］

《历史有魏道》

［自我介绍］

十年学史一朝违，
卅载顿觉廿九非。
读书所学成何事？
箧中蠹余架上灰！

张清河，本名张荣波，以号行。80 后，出生于孔孟之乡、齐鲁大地，《诗》云“徂徕之松，新甫之柏。是断是度，是寻是尺”，说的就是我的老家——新泰。新泰乃古杞国地，我常怀忧天之心。读书 20 余年，上过 3 个大学，学了 14 年历史，读了 8 年博士；做过电视台策划、编导，网站策划，兼职教师，传媒公司顾问，现任上海文化出版社编辑，《中国历史评论》责编，主要负责文史类图书编辑工作。年过三十，无房无车；入职二年，有失有得。志在做一个有良心、有文化的好编辑！

［推荐图书］

《图说中华文化故事 · 战国成语与秦文化》

周功鑫　主编

上海文艺出版社

上海文艺出版社
微信公众号

［推荐语］

战国时期的秦文化图景

“图说中华文化故事”丛书，是一套旨在传播中华优秀文明的青少年读物。该丛书以战国、汉、唐和宋这四个中华文化蓬勃发展的时期为主轴，其中有成语故事、名君、名后、名臣、圣哲、将相、艺术家和科学家等板块内容，依据历史事件的特殊性与人物特色进入，整体出版规模为 150 卷。全套丛书从战国讲到宋朝，将上千年的历史叙说完整，是主编周功鑫教授以毕生之力全心投入完成的一套丛书。

《战国成语与秦文化》作为“图说中华文化故事”丛书的重要组成部分，特色鲜明。从饱含史实的成语故事入手，用青少年感到亲切的全彩图像呈现，附录有丰富的历史文物与考古资料、博物馆精品馆藏图片、年表与地图，并配以专业性历史专题的“延伸阅读”，深入历史细节，全面展现战国时期秦国的政治、军事、人文与艺术的发展历程，由浅入深，将文化知识与历史故事紧密关联，统整串合出战国时期的秦文化图景，从商鞅变法到荆轲刺秦王，秦国的兴起、强盛与衰败，在丛书的娓娓道来中一览无余。

该丛书每册的“延伸阅读”部分，历史知识丰厚，具体而形象地介绍了“度量衡”“秦国国都咸阳”“咸阳宫”“战国时期的印章”“战国时期的通行符节”“弓箭和乡射礼”“战国时期的马车”“秦军服”“战国时期的文具”“战国时期的格斗兵器”，还原历史真实，让读者有身临其境之感。

这套丛书自出版后，各大纸媒、网络媒体集中宣传，反响热烈。北京、上海等地各大书展，中央电视台“读书”栏目也为此开展系列宣传，媒体、学界均有极高评价。

作为为这套丛书付出点滴心血的编辑，我希望将它与读者尤其是与广大青少年朋友分享。

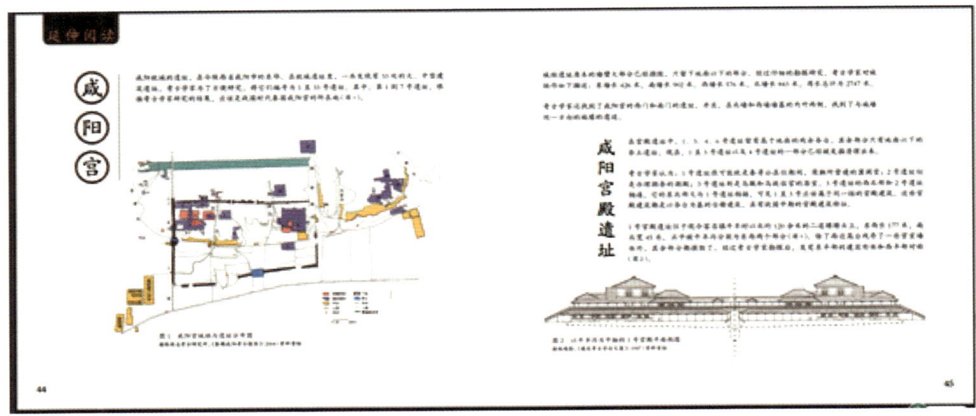

[荐书编辑]

李　霞

上海文艺出版社

[编辑代表作]

“苏童作品系列”“程乃珊作品系列”“格非作品系列”“程乃珊作品系列”“张悦然作品系列”“图说中华文化故事”

[自我介绍]

本人勤奋务实，脚踏实地，智商和情商上都有稳定良好的表现。

多年中文系的训练，培养出作为编辑较好的文字判断力，并借此在出版工作中发挥优势，开掘优良选题，维护优质作者资源。

路漫漫其修远兮，吾将上下而求索。

「推荐图书」

《英国说明书》

阿健大叔　著

上海科学技术出版社

上海科学技术出版社
微信公众号

「推荐语」

遇见英伦好时光的旅行

中国定制，专业行走

自己做功课去英国旅行可谓工程浩大，有一本专业的旅行书籍做指导便可事半功倍，由广播电台主持人阿健大叔编撰的《英国说明书》就是这样一本贴心好读的旅行指南。《英国说明书》是《全球华人领路游世界》系列的第一辑，由作者多年在英体验后写就。

这本专业的英国旅游书籍旨在为游客提供最地道的旅游攻略和线路，邂逅旅途中的情感碰撞及心灵激荡。书中最大的亮点是“华人领路”特色栏目，融合了作者本人和各路英国华人、华侨以及留学生们的行走经验，口耳传授观光、购物、食宿、礼仪等旅行窍门，细致地描绘了不列颠和北爱尔兰精华区域的多姿多彩以及鲜为人知的方方面面。不仅如此，作者还在关键章节设置“半自由行”推荐，让游客得以找到当地信得过的旅行社展开深度之旅。

英国这么牛，我也想去看看

英国是此生不得错过的地方，这里遍布着传奇和惊喜。《英国说明书》是一本为中国人定制的超级英国旅行指南，被 BBC 英国广播公司评价为“突然让人有了放下一切，游走世界的冲动”。

英国是拥有传说中的骑士、巫师、女王、英超球星、摇滚明星的地方。这里诞生了邮票、圣诞卡、三明治、蒸汽机、地铁、电报、电视、电脑、互联网，还有旅游和保险，以及现代议会制度和市场经济理念。

英国不大，就大小而言，它比不上邻国法国和德国，就算加上几百个漂在海上无人居住的离岛，也只比我们的广西大那么一点点。可千万别嫌人家小，如果没有小小的英国，我们的世界也就不能成为现在这个样子。为什么区区 24 万多平方公里的小岛，竟能产出这么多伟大的事与物来？甚至英国人还能一脚迈出他们的小岛，一手缔造起一个“日不落帝国”——在全盛期统治着这个星球上超过 3 亿人、超过 900 万平方公里的版图……

意犹未尽吧，还有好多好多可以介绍的呢，大家心动了么，是不是还想了解更多？那就去买一本《英国说明书》吧！

[荐书编辑]

张 斌

上海科学技术出版社

[编辑代表作]

《英国说明书》《四驱车越野宝典》《慧眼选狗》《慧眼选猫》《战略学习法》《植物园里的自然课堂（第 2 版）》《走进身边的昆虫世界》《十万个为什么（老年版）丛书》《动物快乐学》

[自我介绍]

近 20 年的野生动物摄影经历，使我养成了独立思考和解决问题的良好习惯；上海崇明东滩鸟类国家级自然保护区十几年的核心志愿者工作，培养了我强烈的社会责任心和奉献精神，2012 年荣获“2010 ～ 2011 年度上海市优秀志愿者”称号；与政府部门和社会团体合作项目，培养了我的团队协作能力；多次独立或与他人合作著书，提高了我编著方面的能力；5 年的上海科学技术出版社编辑工作经验，练就了我策划、编辑图书方面的出色功底，至今策划、引进、编辑出版了 70 余本图书。我乐观开朗，意志坚强，信守承诺，具有社会责任感。我坚信一句话“行万里路，编百本书，用自己的每一步每一笔，来保护环境、守护生灵”。

［推荐图书］

《横四海兮焉穷——藏彝走廊民族学田野考察日志》

李星星　著

上海故事会文化传媒有限公司

上海故事会文化传媒有限公司微信公众号

［推荐语］

藏彝走廊里的年味

群山连绵的四川西部，有座著名的贡嘎雪山，海拔 7 556 米，名副其实的群山之巅，周围簇拥着海拔 6 000 米以上的山峰 45 座，“贡嘎”的藏语原意就是“最高的雪山”。

贡嘎山区西坡，大渡河大拐弯处，是赫赫有名的藏彝走廊，是人类学者和民族学家痴迷的特殊历史文化沉积地带，千百年来生活着藏族和彝族等多个少数民族以及众多文化独特的民族支系和小族群。这个特殊的空间坐标里，以九龙、石棉、冕宁三县和甘孜州、凉山州、雅安市交界的则尔山为代表，俨然是整个藏彝走廊的缩影。

我们这本书的主角，就生活在这里。雅砻江和金沙江蜿蜒而过，冰川巍峨入云，森林植物带垂直分布，海拔从八九百米到五六千米，包罗了高原、高山峡谷、冲积谷坝和盆地等多种复杂多样的地貌。这里是木雅藏族的家园，他们自称“木洛瓦”，或者“木涅”——意思是“我们这种人”。据研究，木涅藏族是古代藏族先民某一族群的余裔，属于史籍所载曾强盛一时的党项后裔，或者就是西夏灭国后逃亡的孑遗。所以他们的语言——地脚话，虽属于藏缅语族，却不是藏语支语种，而是包含藏缅语古老成分的一个宝贵小语种。正因为如此，木涅藏族无论是语言、文化、族群还是历史，都是当今学术界一个重要的研究领域。

木涅藏族深居崇山之中，交通不便，传统文化得以保存至今。

作者四川省民族研究所的李星星教授，作为资深民族学家，自 2008 年来，多次在藏彝走廊行走考察，三次翻越则尔山，这些亲历的第一手资料，不仅是对民族志的一种补充，更是新鲜的一手田野实录。书名“横四海兮焉穷”，来自屈原《九歌 · 云中君》，四海无境，田野也无处不在，“日无止境，路无止境，学无止境”。田野不仅在藏彝走廊各族群生活的此刻，也在他们过往的历史空间里。

木涅藏族及其文化深藏雪山之中，其重大礼仪和祭祀活动，都集中在冬月（农历十一月）。一切表达崇拜、敬畏和供奉的礼仪活动，都围绕和朝向一个神秘的圣物——“Di be du”——物体形态一般选择锥形石头，含义极其复杂，概略说有最早的祖先的意思，也有最早的“木洛地”的意思，代表着一种终极的真实。

“放羊子”是一种大型的祭祖仪式，为逝去的男性祖先杀羊血祭。规定只能在已故先辈的生肖轮回年举行，也就是要相隔 13 年，且至少要 3 次才算圆满。这是一种构成和维护历史记忆的特殊方式。

过冬月年中，最高形式的礼仪活动是“喇嘛会”。冬月十五纪念东西巴勒诞生的晒佛活动，所有村民在雪花般的糌粑面粉抛洒中，获得美好祝福。

［荐书编辑］

汪冬梅

上海故事会文化传媒有限公司

［编辑代表作］

《外交官带你看世界》系列《中外文明同时空》（6 卷）《上海的外国文化地图》（8 卷）《话说中国》（现代卷）《绝对小孩》《在黑暗的河流上》《空城》

［自我介绍］

爱读书，爱发呆，爱写字。

编书小能手，从文学艺术类到社科民族类，从风花雪月谈文论艺到各美其美、美美与共，成长为一枚资深编辑，能迅速判断作者的知识体系和逻辑架构，善于把艰深的学术著作，用大众可以理解的方式，进行二次表达。浸淫民族文化这些年，认识了很多有趣有料的民族学家，结识了很多民族小伙伴，能梳理出中国北方各少数民族的起承转合发展脉络，熟稔他们的历史地理人文特征，对另一半中国，有了更深刻的了解和热爱。

「推荐图书」

《上海秘密战》

[美]华百纳　著　　周书垚　译　　周育民　校

上海社会科学院出版社

上海社会科学院出版社
微信公众号

「推荐语」

“二战”时期的上海地下世界

《上海秘密战》这本书最初是由周育民老师推荐的，英文版原书是 *Bernard Wasserstein*（中文名：华百纳）所著的 *Secret War in Shanghai* 一书。从开始筹备到正式出版将近两年了吧，多亏多位老师的共同努力，我自己也加了不少班，终于顺利出版了，在此想记录一下这过程中种种。最近流行一句话叫“不忘初心，方得始终”，我挺喜欢的，虽然最近因为工作量实在太大，真是不敢说自己日后会不会因为忙晕了头开始得过且过，但是趁现在还有热忱的时候，记录一下走过的路也不是坏事。

这本书最初并没打算收间谍肖像和“二战”时期的上海占领局势图，因为英文原版书上图片的质量不是特别好，但是后来外方寄来的样书中，有用铜版纸印刷的清晰人像照片等，周老师建议还是应该收入间谍肖像，因为这些都来自档案，不是“随便能在外面找到”的东西，所以我再去交涉是否能采用扫图方式使用，外方同意了。

“二战”时期的上海局势图，是我在审完整本书的书稿后决定必须加进去的。因为研究生论文做的就是上海史的课题，我对反映老上海情况的地图的价值非常看重，这不仅是因为它们对于历史研究者的价值，而且也因为：站在上海某条街道上，知道一百多年前这条路叫什么，上面有哪些建筑，哪些人造访过，仿佛能够穿越时空。一个人顶多活个八九十年，但通过这种方式，一百多年前的事情仿佛历历在目，可以说是“个人的生命也得到了无限的扩展”，也许这就是让历史研究者痴迷的所谓“现场感”的一部分吧。

这本书是少数几本我看到的“完全基于史料，没有虚构，同时又写得像小说一样生动有趣”的研究“二战”期间上海的书，不仅是因为作者本人在写书时严谨钻研，更因为有了周书垚老师的精彩翻译（原文涉及多国语言，换了别人我认为真是搞不定），外加周育民老师严谨的译文校译工作，以及英方的协助校译（作者的学生杜女士协助校译了正文，作者本人协助校对了脚注部分，并更正英文版中错误），才得以顺利出版。

对我来说，每次书付印都是惴惴不安的，就像一位老编辑说的，每出一次校样都会看出问题。虽然已经作了力所能及的工作，但这本书最终还是要靠读者来检验的，如果因我个人“学识或者能力等方面的不足”导致本书留有缺憾，希望读者能够“刀下留书”，我也希望读者能通过它，一窥“二战”时期上海地下世界“一群外国混混和秘密人员”跌宕起伏的经历。

［荐书编辑］

曹艾达

上海社会科学院出版社

［编辑代表作］

《上海秘密战》《北欧文学论》

［自我介绍］

虽然外表并不像男生，但因为名字的关系，常常被未见过面的人误认为是男生。从小看苏联小说长大，因此写的东西曾经被人评论为像是年纪很大的老头写的。走在外面，常常被误认为是学生，曾经去学校当实习老师，被门卫质问：“你为什么不穿校服。”由于是历史系出身，得意的特技是能够整天一动不动地坐着查资料而不觉得累，并能够以很快的速度和很小的字体密密麻麻地抄书和史料连续好几个小时不间断。做书的宗旨是“自己也要收藏一本”和“无论如何自己要看得过去”。身为新人，工作至今得到许多老师的指点帮助，在此想再次表示感谢，希望今后也请多多指教，谢谢。

「推荐图书」

《快到姐姐碗里来——宅女相亲实用手册》

夏 颖 张 喻 著　Leaf 杨孩寅 绘

上海社会科学院出版社

「推荐语」

相亲是门技术活

上海社会科学院出版社
微信公众号

对这个刷脸的世界是否已经感到绝望？

为什么世界上这么多的好男人不是已经有老婆就是已经有男朋友？

三十多岁的女人就是一把菜了吗？连水果都不能算吗？

屡次相亲遇到奇葩！是他奇葩，还是我奇葩？

人前"白骨精"，人后"大龄剩女"的你，是否经常有上述问题的困扰？是否每年春节回家都被那致命的一问击倒："你有男朋友了吗？"是否每年情人节都只能一个人在电影院里抱着爆米花对着男神流口水，是否每年都不想过光棍节却又不得不过？

如果这些回答是YES，你是不是接下来要问如何才能改变现在的自己？且慢。你真的知道自己在想什么吗？甚至，你真的知道自己要什么吗？你应该问问自己内心深处那个渴望幸福的小人儿——"我是否相信婚姻是件美好的事？"在你屡战屡败的相亲经历背后，隐藏着的，也许就是你对婚姻的不安，抑或是对自己的怀疑。

由夏颖、张喻写作，Leaf、杨孩寅绘图，上海社会科学院出版社出版的《快到姐姐碗里来——宅女相亲实用手册》一书，就是要让每个正在经历相亲、将要相亲的单身女性都能意识到——你有幸福的权利。在相亲道路上奋斗的你，难免要大喊一句："找一个好归宿怎么就那么难？"那么，你知道"第一次见面聊什么""相亲去哪儿"、在什么样的场合才能最好地发挥出你的气场吗？如果你对这些相亲中最简单最基础的问题都不知如何回答的话，请赶快翻开这本书，让身为心理咨询师的作者为你出谋划策一番吧。

如果你对"相亲"这样老土又"功利"的形式感到不满，如果你希望有一天你的爱情会像奇迹一般降临到你头上。那么，我只想说——姑娘，这个世界上，只有

吃饭和睡觉是不用学习的。“爱情不是魔术，是实实在在地相处”。不要排斥任何可能让你幸福的方式。

还有那些总是抱怨“女人的心思真难猜”的男生。对，你没看错，这本书同时也非常适合那些“然后呢？就再也没有然后”的男生们，看看女生们到底在想什么。下次，你也许就不会因为女生说了一句“上午考试，下午休息”，就回一句“你好好休息吧，多注意身体”，还自以为温柔体贴呢。

每年的新年愿望中，是不是都希望老天赐你一个男朋友？但是，如果你不出门交友的话，难道男朋友会从烟囱掉到你家里吗？赶快走出家门，行动起来，不要让“傲慢与偏见”拖住你追求幸福的脚步。

「荐书编辑」

章斯睿

上海社会科学院出版社

［编辑代表作］

《论妥协》《弗洛伊德五大心理治疗案例》《快到姐姐碗里来——宅女相亲实用手册》

［自我介绍］

上海话永远说不好的伪学术女青年，一直在减肥从来不成功的吃货。在成为“东方不败”以前，从来没想到有一天会走入出版的世界。进入出版业后，彻底打破了“编辑就是看看稿子”的无知认知，开始学习如何组稿和策划。作为学术编辑，最大的心愿是能在有生之年，看到自己责编的书受到学界的肯定。鉴于以前“不正经读书”的经历，还希望今后的职业生涯中能够出版“有意义且有意思的”书，让更多的读者在收获知识的同时，也能体会到阅读的乐趣。

［推荐图书］

《安静吧，头脑》

［澳］拉梅什·马洛查　著　　朱臻雯　译　　林金铭　审校

华东师范大学出版社

华东师范大学出版社
微信公众号

［推荐语］

减负，让头脑安静下来

现代人全年无休地接触各种媒体资讯，萌发各种想法与欲望，每分钟会有几十到数百个念头在脑海中翻滚，有些可能一产生就湮灭无踪，另一些则会缠绕不止，使人夜不能寐。尽管如此，这些犹如背景噪音般的思绪仍被认为是内在心灵环境的正常部分，笛卡尔不是说“我思故我在”吗？

然而事实上，“人类不是命运的囚徒，而是自身思维的囚犯。”（富兰克林·D·罗斯福）任由“心猿”壮大成400公斤、难以驾驭的“金刚”，你将远离宁静的心灵，在压力下苟延残喘，失去生活中朴素的快乐，失去本然的平衡，甚至失去感受幸福的能力。这可不是我们最理想的存在方式！所以，这本书只有一个关键词——减负，让头脑安静下来！

每天10分钟，练习冥想，唤醒内在心智宁静的力量。

冥想并不是修改、编校或放缓思维活动，而是完全停止你的杂念……在真正的冥想中，我们完全保持警觉和掌控，但头脑里却没有任何杂念。透过这种内在的静默经验，我们学会掌控自己的心智及其所制造的思维内容，而不让思维役使我们。驱散了无谓的杂念，我们的意识将能以更丰富、更喜悦的方式去体验自己、体验世界。

这本书中对冥想的定义与以往截然不同。澳大利亚医生、教育者及研究者拉梅什·马诺查博士（Dr.Ramesh Manoch）一方面立足于医学背景，运用现代医学、脑科学实验，全面展示“冥想”是怎么回事，提炼“冥想”过程中最精华的部分；另一方面追溯自身东方文化源流，从印度和中国的先贤智慧中发掘“冥想”或者说“心智宁静”的历史足迹和古老典范，结合实验测量结果与冥想者个人体验，叙述了他对冥想的独到发现。有意思的是，这一切都是从他自己饱受“头脑中的虐待狂”骚扰，沉迷“自我对话”彻夜无眠，不得不寻求帮助开始的。这使他的“药方”极具突破性，有据可依且真实可信——不需要一个特定房间或僻静场所，不需要摆各种花哨的手势姿态，只需舒服地坐好，给予简单的肯定词，每个人都能从中获益良多。

「荐书编辑」

王冰如

华东师范大学出版社

［编辑代表作］

“课堂研究三部曲”（《读懂课堂》《课堂研究》《课堂转型》）《安静吧，头脑》

［自我介绍］

爱好各种手工艺，日常觅食、汉服、种草、看纪录片。视做书如做饭，能帮工切菜也能操勺上灶，无奈白案苦手。有时精工细作，不过求个清爽自然本真滋味，偶尔信手拈来，也能吃个热烈浓酽畅快舒心。粥饭可饱腹，点心能配茶，希望道道成为珍馐，本本值得回味。

［推荐图书］

《100 位大哲学家：从泰勒斯到蒯因的思想之旅》

［英］菲利普·斯托克斯 著　　陈丽丽 译　　方向红 校

复旦大学出版社

复旦大学出版社
微信公众号

［推荐语］

一场纸上思想之旅

一直以来，我都很有兴趣做些哲学入门读本。还记得中学时候读《苏菲的世界》，简直发现新大陆般欣喜，就像掀起海洋的一角，发现海底尽是未知的神秘世界。这其实并不是一本很好读的书，看不快，初看也不能完全看懂，但可贵的是它有趣味盎然的小说线索，吸引读者掩卷遐思后继续手不释卷。

现如今，哲学小说、哲学启蒙书、哲学入门书、哲学史著作越来越多，哲学百科网站也有好几个（还有不少关于哲学的搞笑视频和漫画），哲学这门学问也越来越多地进入读者视野。

黑格尔说："我知道很多美妙的学科，但是我不知道有比哲学更加美妙的学科了。"

《苏菲的世界》中有一段，说姜饼小人有各种各样的形状，有些鼓起来一块，有些表面粗糙，有些缺胳膊少腿，但它们都是用同一个模具做出来的，这些姜饼小人都是这个模具的副本。这就是柏拉图的型相理论。本书中是这样解释的：

柏拉图的许多作品都是绕着他理想王国的概念而展开。柏拉图告诉我们，经验世界是虚幻的，只有那不变的永恒之物才是真实的——这一想法是从巴门尼德那里发展出来的。因此，我们通过感官经验感受到的这些短暂现象，就必须要有一个永恒不变的领域作为蓝图。柏拉图说，尽管有很多单个的马、猫和狗，但它们都是按照"马""猫""狗"的普遍形象造的，同样地，所有的个人都是按照普遍的"人"的形象造的。这个想法影响了后来的基督教思想，后者认为人是照着上帝的样子造的，而这只是柏拉图对基督教神学直接影响的方式之一。

柏拉图的型相（form）理论没有局限在物质对象上。他也认为普遍的或者抽象概念的理想形式是存在的，例如，美，正义，真，以及数目与类别等数学概念。确实我们今天还能感觉得到柏拉图对数学的巨大影响，弗雷格和哥德尔在这方面都支持柏拉图主义。

《100 位大哲学家：从泰勒斯到蒯因的思想之旅》引进自专业出版大众和儿童读物的伦敦大角星出版社，用简洁、清晰、专业的语言，将从古希腊至今的 100 位大哲学家的生平和思想娓娓道来。本书原名 *Philosophy: 100 Essential Thinkers*，我为它加上了副标题“从泰勒斯到蒯因的思想之旅”。封面采用精装设计，并最终和美编商定用名画“雅典学派”作腰封横贯书皮下部。希望这本书能带来这样的阅读体验：翻开这本书，就好似开启了一趟短暂而迷人的纸上思想旅程。

［荐书编辑］

方尚芩

复旦大学出版社

［编辑代表作］

《知日的风景》《元政治学》《审美与救赎：从德国浪漫派到 T.W. 阿多诺》《100 位大哲学家：从泰勒斯到蒯因的思想之旅》

［自我介绍］

哲学硕士，人文图书编辑，相信阅读一本好书是与伟大心智的一次相遇。

「推荐图书」

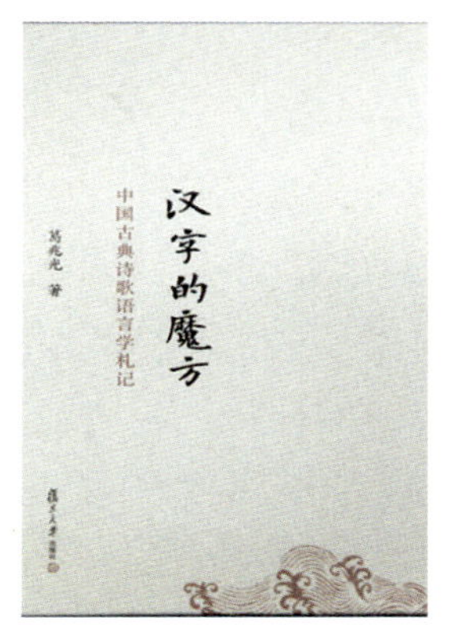

《汉字的魔方：中国古典诗歌语言学札记》

葛兆光 著

复旦大学出版社

复旦大学出版社
微信公众号

「推荐语」

告诉你中国古典诗歌的秘密

古人说“诗无达诂”，中国古典诗歌向来是有许多秘密的。正如香菱学诗时最直观感受到的那样：“有似乎无理的，想去却是有理有情的”，“念在嘴里如同千斤重的一个橄榄”。

从古至今，也有许多人试图以各种形式揭开古诗魅力的奥秘，找到读诗、作诗的诀窍。

在《汉字的魔方：中国古典诗歌语言学札记》中，葛兆光先生试图建立一个可操作、可沟通的新的诗歌阅读规范，让读古诗不再是雾里看花，水中望月。所谓“汉字的魔方”，指的正是中国古典诗歌。“单音节、具有视觉性、意象自足性的若干汉字，在一定框架中千变万化，组合了多少令人着迷、充满魅力的诗歌！”魔方有再多令人眼花缭乱的变化，它是怎么一圈一圈拧过来的，最终也会有迹可循。本书正是从魔方的方块——即组成诗歌的“汉字”出发，引进现代语言学的方法进行分析，讨论汉字的音、义、形在古诗中如何运作与组合，产生特殊的语言节奏和意义节奏，一边手把手地拆解古代诗人们是怎么精妙地“玩魔方”，一边把原本古代诗歌评论中模糊且聚讼纷纭的很多概念解释得又清楚又通透。

本书是古典文学研究界最早采用语言学的眼光看待古典诗歌的著作之一，书中博引古今中外，左右逢源，举重若轻。全书不是对一篇一首的诗词进行微观的分析，而是从宏观的语言体系的角度，对于古典诗歌在特定历史时期的整体风貌和动态发展作出把握，尽显思考的深邃与犀利。本次最新修订，又收入《语言学批评的前景与困境——读高友工、梅祖麟著〈唐诗的魅力〉》作为附录，更完整地展现了作者对诗歌语言学批评的看法。最新修订本采用圆脊精装，封面设计达二十余稿，带来更赏心悦目的阅读感受。

「荐书编辑」

甚　蓝

复旦大学出版社

[编辑代表作]

《汉字的魔方——中国古典诗歌语言学札记》(修订版)《中国文学中的商人世界》(第三版)《方言接触论稿》

[自我介绍]

中国古代文学博士研究生，毕业一年半的编辑新手，对书籍的热爱和对阅读的痴迷从未改变。每天下班会路过楼下的书店，在傍晚亮起暖黄的灯。灯下，阅读的座位总是满的，书架间穿行着选书的人。这个画面对我而言，就是幸福。

「推荐图书」

《时间管理——如何充分利用你的 24 小时》

[美] 吉姆·兰德尔　著　　舒建广　译

上海交通大学出版社

上海交通大学出版社
微信公众号

「推荐语」

一小时改变生活

关于时间管理的书说得好听一点是汗牛充栋，说得难听一点就是泛滥成灾了。随便在当当上一搜，就有 100 多种，那我为什么还要做一本《时间管理》呢？

当时这套书是版权代理推荐给我的。收到邮件一打开，我就被吸引住了：整本书都是可爱的简笔画，有主人公，有故事，而且最重要的是：在一小时内就可以读完！如同作者所说：我不想浪费你一分一秒。

我们每个人的时间都是有限的，一天 24 小时，一年 365 天，如果按照人均 80 岁来算的话，一生也就 29 200 天。如何使用我们的时间其实就决定了我们的工作和生活状态。

书中提到的 10 个重要观点如下：

1. 只有当你真正意识到你是如何支配时间的，你才能去管理你的时间。

2. 目标设定是第一步。只有你设定了目标，你才知道该如何分配自己的时间。否则就会像一艘没有方向的船。

3. 你每天都有 24 小时，如何使用这些时间，选择权在你。

4. 通过将零星的空闲时间利用起来，以及通过运动和健康饮食让自己精力充沛，你就能创造时间。

5. 拖延是大敌。所以请克服拖延吧！

6. 如果你能清理好自己的工作区域和生活，并清理思想的杂波，就能提高工作效率，节省时间。

7. 做好计划和准

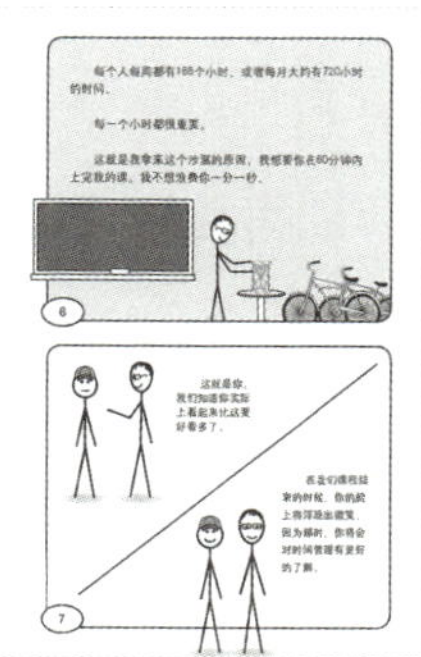

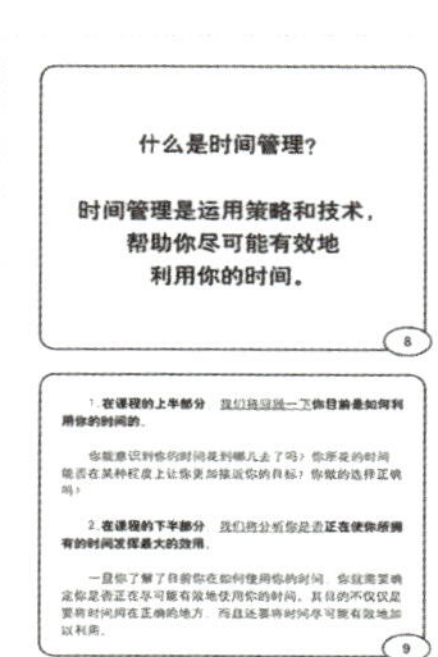

备。通过做计划，你可以有效地提高你的工作效率。

8. 确定做事的优先次序。重要且紧急，重要但不紧急，紧急但不重要，不紧急也不重要，这个大家都知道的吧？重要的是要真正去做哦！

9. 集中注意力，不要分心，可以让你事半功倍。所以关掉电视，拔掉电话，屏蔽掉一切让你分心的事物，专心致志吧！

10. 选择对你有效的时间管理技巧。这个世界上有很多时间管理的技巧，对别人有效的未必对你有效，所以挑选适合你的方法吧！

这本书自 2012 年以来已经重印了数十次，三大网上书店读者好评超过 7 000 条，所以，如果你想更有效地管理你的时间，不妨来看看这本书吧。

阅读这本书，你将学会：

- 击退拖延的冲动
- 专注，专注，再专注
- 提高记忆力和速读技巧
- 处理“多重任务”
- 创建时间日志
- 战胜分心
- 创立目标—步骤—时间分析
- 充分利用时间间隙
- 如何利用时间
- 强大且有影响力
- 进行优先选择
- 执行二八定律

［荐书编辑］

汪　俪

上海交通大学出版社

［编辑代表作］

“简单有趣的个人管理”丛书、“英汉对照管理丛书”

［自我介绍］

读的是金融和法律，却误打误撞进入了编辑这个行业，再也没有离开，蓦然回首，已近 20 年。编辑的图书没有仔细统计过，但应该也有两三百种了吧！最开心的时刻就是看到网上读者的好评刷刷地上升和接到读者的来信和电话，说真的很喜欢我出版的图书，然后我就又变成满血状态啦。

做读者喜欢看的好书，让阅读和学习变得轻松愉快，这就是我做编辑的宗旨！

「推荐图书」

《食具》

[日]山内昶　著　　王升远　编　　尹晓磊　高　富　译

上海交通大学出版社

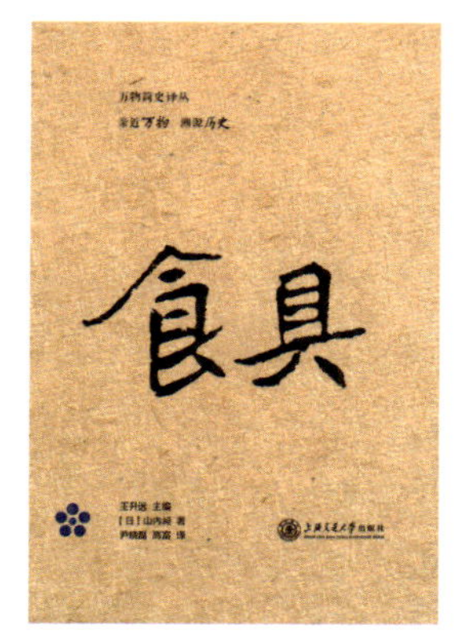

上海交通大学出版社
微信公众号

「推荐语」

亲近万物，溯源历史

《食具》是上海交通大学出版社出版的“万物简史译丛”系列之一，这本书从策划到出版，历经了整整两年时间，真是一波三折。直到书出版后才不禁深深感叹，一段段优美的文字、一张张精美的图片、独特的版式设计，的的确确只有用心去做了才会有收获的喜悦。

《食具》很耐人寻味，是一个很值得研究而饶有兴味的话题，看似平淡无奇的食具却承载着丰富、深厚的文化底蕴，让人读后体会到生活中另一种不一样的感受，追根溯源，得到某些启迪。

这本书详细介绍了饮食文化的渊源、发展历史及现状，涉及食具的发展与利用、食具的运用与创新，食具与国情、与饮食、与文学艺术、与人生境界的关系等等，深厚广博。阅读中会恍然感受到在这些普通物品的背后也有着丰富的文化内涵。虽然人们每天都要使用这些并不起眼的筷、勺、餐刀和叉子等食具，但是，却对各国之间食具普遍性中的差异化了解甚微。人类在历史进程中那些进餐的食具如何成为人与自然之间的文化链条，演化成一种实用与文化相结合的产物，依然是鲜为人知。

书中提供了大量的实例并配以一幅幅真实的插图，为我们展示饮食用具与人类文化的微妙关系，综合地体现着人的自然性、社会性和精神性。内容异彩纷呈，让人大开眼界，从中增长很多见识，获益匪浅。

作者以日本和西方的用餐礼仪和进食方

式为切入点，引用大量的研究成果以及历史资料，按照不同的气候环境、时代、地域、民族、宗教，从不同的角度对各种食具进行深层次、多角度、高品位的分析、研究和思考，深入细致地阐释了东西方在饮食文化观念上存在的差异，阐述了世界各地食具的产生及其演变的过程。让你穿越时空，身临其境地感受世界各地食具在漫长的历史过程中，经历了怎样的变迁，深刻感受到食具从产生、演变、差异的全过程以及其中所包含的人类文化发展丰富的意蕴。

如今，食具已经成为我们生活中不可缺少的元素，被不知不觉地流传和发展，它们渗透在生活的每一个角落，扮演着极其重要的角色；它们承载着美味，与世界上所有的人共享生活美妙的感觉。

日本人做学问的精细、认真，这种锲而不舍的钻研精神值得我们学习，从这本书可窥其一斑。这也是一本颇有博物学意味的书，探寻身边再熟悉不过的食具，穷根究底，层层解析，并从中获得乐趣。在追溯历史的同时，亲近身边之物，一池清辉更沁人心脾。也希望能通过此书，让更多的读者一起从书中寻找万物的历史韵味、感受中日间的历史渊源。

［荐书编辑］

赵斌玮

上海交通大学出版社

［编辑代表作］

《癌症真相》《黑猫宅急便的经营学》《今夜不再失眠》《今天的睡眠减肥》《另类日本文化史》“万物简史译丛”

［自我介绍］

硕士研究生。留学于日本，毕业后在东京工作三年后回国，从事编辑工作，主要策划市场类图书，并负责对日本的版权贸易。热衷于中日文化交流，希望能通过自己日常的工作，策划出更多的市场图书，并能通过版权输出，让更多的中国优秀作品走进日本。

「推荐图书」

《从大数据到智能制造》

李杰　著

上海交通大学出版社

上海交通大学出版社
微信公众号

「推荐语」

大数据——中国搭上第四次科技革命快车的最优资本

第四次工业科技革命呼之欲出，在这场科技革命中，智能制造无疑将成为世界各国竞争的新战场。大量的工业大数据在中国汇集，无疑给中国制造带来最好的资源优势。中国错过了前三次工业革命，在第四次工业科技革命到来之际，中国又将走什么样的道路?

《从大数据到智能制造》是李杰教授继《工业大数据》一书之后的又一力作，由上海交通大学出版社出版。本书分为 3 个篇章：导引篇、案例分析篇和专家访谈篇。首先从 3 个方向入手，清晰地阐述了大数据与智能制造的关系；接下来通过真实、有效的 17 个案例，对大数据推动智能制造的发展做出明确和直观的介绍；最后在专家访谈篇中，本书精心策划了由经济学家、学院派教授、媒体人士、企业代表组成的专家访谈团队，使不同背景、不同领域的专家访谈为读者带来不一样的视角。

关于工业 4.0 的定义和对世界各国战略的解读已有很多，各国学者与政府机构也提出一系列实施路径和方案。然而，有不少人都表达过这样一种感受：我们越深入分析各个国家的政策，越是去尝试不同的转型路径，反而愈发地感觉迷茫和浮躁。

本书的作者李杰教授认为，之所以会有这样的感受，是因为大家把智能制造当成了一个技术问题来看待，因此在分析其他国家行动的时候也只是停留在表面的方法和技术上，却忽略了这些行动背后的思维和逻辑。作者想要传递给读者的不仅仅是智能制造的技术本身，更重要的是隐藏在其背后的制造哲学和思维方式，制造哲学和思维方式决定了各国工业 4.0 的路径。作者希望借助本书向读者传达一种对智能制造的理解、解决问题的逻辑和重新定义制造的思考方式。

本书适合对大数据、中国制造领域的研究者们阅读，也适合对这些领域感兴趣的社会人士阅读。

名人推荐

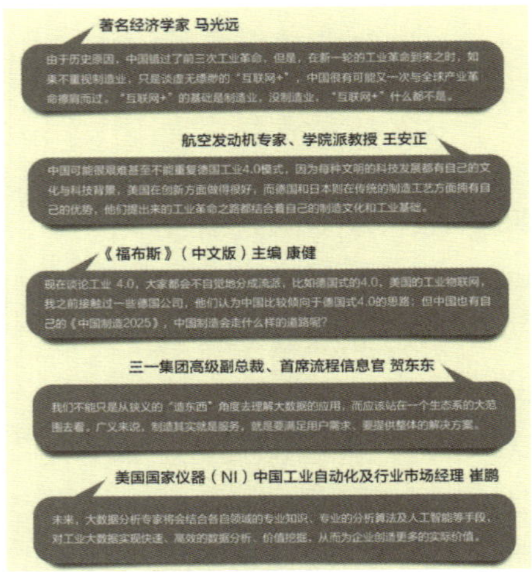

［荐书编辑］

杨　帆

上海交通大学出版社

［编辑代表作］

《从大数据到智能制造》“新核心理工基础教材系列”“MBA-MPA-MPAcc 管理类专业学位联考历年真题解析系列”

［自我介绍］

小时候，希望自己的父母是经营书店的，能有机会阅读各种图书；长大了，努力成为一名策划编辑，希望通过所策划的图书，将优秀作品传送给读者。

自 2010 年工作至今，策划了多套图书，包括“新核心理工基础教材系列”“MBA-MPA-MPAcc 管理类专业学位联考历年真题解析系列”“高技术船舶与深海技术装备系列”、专业走市场图书《从大数据到智能制造》等，所策划的教材获得“上海普通高校优秀教材奖”，所责编的图书获得上海图书奖一等奖。

［推荐图书］

《斯坦福日记》

许　铁　著

上海交通大学出版社

上海交通大学出版社
微信公众号

［推荐语］

从芝加哥到斯坦福

许轶老师将稿子拿过来的时候，稿子上暂定的书名是《行走了平行的世界——一个斯坦福 MBA 的历程》。我第一感觉是这个选题有意思，但是书名不太行，读书人都有名校情结，对美好事物的向往是每个人共同的特点，理所当然，"斯坦福"三字自带光环，是块好坯子。阅读整理的工作做好以后，我说还是改为《斯坦福日记》吧，第一个理由是书名最好简洁有力一些，第二个理由是前几年流行了一本《Harvard 日记》，挺火的，许老师听后似乎有些恼，勉强同意了。

书稿行文很幽默，读起来很快，我就做了这本书的责编，开始了一字一句地审读，这才发现许老师对我改书名的第二个理由是有些不屑的。其实一年制的教育学硕士某种程度上是针对中国人的，后来整本书读下来，发现其实有一大部分是在厘清我们对美国文化的认识，比如从美国名校的捐赠制度谈到中国富豪的慷慨捐赠是如何为自己的后代入名校入主流铺路等等；还有谈到很多在美的牛人如段永平等等。所涉及的内容从芝加哥大学硕士到斯坦福大学 MBA，从高盛、瑞士信贷到自主创业，从巴菲特到奥普拉，绿卡等等，包罗万象，堪称百科全书。

《斯坦福日记》2015 年出版后，一年印了三次，2016 年年初进行了改版第四次印刷，增加的是新近和《从 0 到 1》作者、Paypal 创始人 Peter Thiel 以及微软创始人 Bill Gates 见面沟通聊天的一些情况。我向作者说："我问你个私人的问题，你这本书重新激发了我出去读书的梦想，我现在开始准备读个 PHD 可以吗？"他很高兴，笑着说："理论上说，不管多大年纪，有梦想都应该去追逐。But，从朋友的角度说，you are too old，你这么一说，我还是很欣慰的。"好吧，这真是一个坏的消息。

「荐书编辑」

黄强强

上海交通大学出版社

[编辑代表作]

《世界新闻传播史》《斯坦福日记》

[自我介绍]

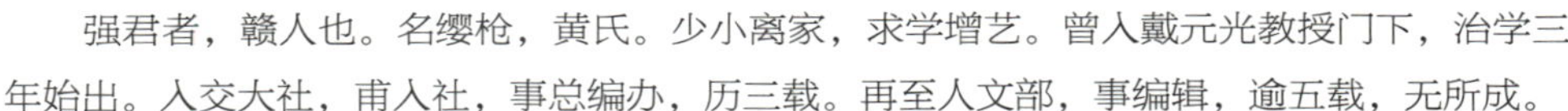

强君者，赣人也。名缨枪，黄氏。少小离家，求学增艺。曾入戴元光教授门下，治学三年始出。入交大社，甫入社，事总编办，历三载。再至人文部，事编辑，逾五载，无所成。

世言强君，天资愚钝，不善言辞，好钻研且浅尝辄止；恶争斗，幸性善洒脱，立意自然，不欺于人。

「推荐图书」

《恐惧与贪婪——动荡世界中的投资风险与机遇》

[美] 尼古拉斯·萨尔克斯 著 杨 敏 译

上海财经大学出版社

上海财经大学出版社
微信公众号

「推荐语」

超越恐惧与贪婪

伊恩·莫里斯在《西方将主宰多久——东方为什么落后，西方为什么能崛起》中一再提及，恐惧、贪婪与懒惰是人类社会发展和前行的动力。金融市场作为人类社会发展到一定阶段的产物，自然难以摆脱这一定理的影响。各种技术性指标的发明，如波峰、波谷等，新的技术工具的不断涌现，以及经济危机的反复出现，繁荣与萧条的循环，无一不在印证莫里斯定理。有关这方面题材的图书也不断涌现，如《1929 年大崩盘》《市场、群氓和暴乱——对群体狂热的现代观点》《门口的野蛮人》《贼巢》《交易员、枪和钞票》《贪婪的智慧：从为人不齿到受人尊敬的投机史》《流亡华尔街——一名分析师拯救大银行的抗争》等，它们从不同的侧面解读了金融市场中恐惧与贪婪的影响。有的已经成为人们了解金融危机和金融市场运作规律的经典。上海财经大学出版社新近出版的由杨敏翻译的《恐惧与贪婪——动荡世界中的投资风险和机遇》，就是这一题材中的最新版本。

本书的作者尼古拉斯·萨尔克斯于 1993 年在高盛集团开始了他的职业投资生涯。1997 年，年仅 26 岁的他晋升为副总裁。2006 年年初，建立起了阿尔法第一合伙人公司（AlphaOne Partners）。2008 年 5 月，《华尔街日报》欧洲版将阿尔法第一合伙人公司排在欧洲顶级的理财顾问之列，在当年度排名前 5 的机构中，它是唯一一家不隶属于银行机构的企业。2009 年 1 月，《华尔街日报》将阿尔法第一合伙人公司排在财富公告投资管理联盟表之首。2009 年 12 月，阿尔法第一合伙人公司被英国很重要的财富管理杂志之一的《斯皮尔斯》（*Spears*）杂志授予年度资产管理奖。经历了牛熊市考验的投资经理，其投资经验和对未来市场的发展、投资方向的阐述等真知灼见值得一读。

作者认为，21 世纪初明显是一个恐惧和贪婪并存且表现日益突出的时期。加剧了的恐惧和贪婪的气氛不可能在未来的几年里消除。本书的主旨是给读者在未来几年如何投资一些启发，其中的经验教训大部分来源于历史，但不仅仅是来自近期的历史。

过去危机的经验让我们相信，在发达国家股票失落的时代还没有回到轨道。有关政府很可能如何进行减债以及债券持有人和银行存款人很有可能承受怎样的伤害，历史也给出了明确的警告。总之，我们需要重建的不只是财富，还有对于金融业的信任。

这本书是对市场冷静客观的审视，着手解决的是当今金融市场上的一些最重要的问题。它以一种考究而又极其简洁的方式，为我们提供了一些很有价值且很实用的答案。或许这也是它荣膺 2012 年《金融时报》和高盛集团商业图书年度奖的原因吧。

[荐书编辑]

李成军

上海财经大学出版社

[编辑代表作]

《短线点金》《解读中国经济的 80 个指数》《像欧奈尔信徒一样交易》《像杰西 · 利维摩尔一样交易》《与狼共舞——股票、期货交易员持仓报告揭秘》《通货膨胀来了》《秘密黄金政策》《基金会：美国的秘密》《恐惧与贪婪——动荡世界中的投资风险与机遇》

[自我介绍]

喜欢历史，享受阅读其中的风云激荡，品尝其中暗含的世态沧桑，体验其中蕴含的人生百态。喜欢经济，推敲图表背后的运行态势，解读数字揭示的喜怒哀乐，揣摩字里行间的经济意蕴。

以编辑的职业精神传播经济、管理知识，用“边际”的理念组织、启发创意。

无意中走进出版行业，成为一名编辑。经济学的专业背景与编辑出版碰撞后，让从小喜欢阅读的我喜欢上了这个职业。从联系作者到编辑加工和最终的出版，其间夹杂的酸甜苦辣让人着实难以忘怀。数字化浪潮的冲击，国民阅读率的下降，人口红利的即将结束，新常态的出现，无不考验着对编辑、出版的信心。我深信，油墨与电子油墨的香味终将融合，编辑，出版，仍将是一道亮丽的风景。

热爱生活，热爱阅读，热爱出版。

［推荐图书］

《财政理论史上的经典文献》

［德］理查德·阿贝尔·马斯格雷夫　A·T·匹考克　编

刘守刚　王晓丹　译

上海财经大学出版社

［推荐语］

现代财政学的起源以及终极拷问

本书是一本财政学论文集，编者是理查德·阿贝尔·马斯格雷夫和 A·T·匹考克，马斯格雷夫是 20 世纪最主要的政治经济学家之一，被誉为现代财政学的真正开拓者之一、现代财政学之父。

上海财经大学出版社
微信公众号

开展财政政治学研究的一条重要的路径是——回到现代财政学的起源处、回到学科界限未严格分化的时期，去读一读那时期经典作家们的文献，看看他们那时对财政学的根本性思考。认真地考察历史，就可以发现类似的问题曾经广泛出现在 19 世纪末 20 世纪初的欧陆。本书所收录的 16 篇财政学经典文献，反映的正是经典学者在学科界限未严格分化时、在现代财政学的起源处，对当时欧陆类似于今天中国的时代问题所进行的深刻思考，在相当程度上真正反映了财政对于国家治理所能发挥的作用。

除了部分例外，以今天的学科界限来衡量，这些文献大多数应被划在政治学或社会学的范围内，它们探讨的主题今天的财政学者很少涉及。事实上，正像马斯格雷夫反复强调的——今天的财政学“只要达到了帕累托最优状态就万事大吉”的观点忽略了分配公平、个人权利以及有意义的自由概念对于一个国家的重要意义，因此他自己并不采纳这一立场，而“醉心于一个涵盖了经济学、政治学和社会伦理学等许多学科的涉及面很广的研究领域”。

因此，要从财政方面解决当前中国的问题，我们参考的对象可能主要不是今天的美国，而是 19 世纪末 20 世纪初的欧陆国家，要做的是吸取它们在解决问题时的经验教训；事实上，就学科发展而言，中国财政学要想取得发展并成为指导治国的利器，绝对应该做的事情是，努力寻找欧陆学者所奠定的古典财政学基础，本书将成为达成此目的的起点。

世事喧嚣，唯静心才能独善其身；渡尽劫波，但求恒心方可豁然开朗。2017年即将到来，愿各位读者好读书、多读书、读好书，也希望这本书能为您在热闹的节日里带来一份积淀、一些感悟。

（本文相当部分内容来自《财政理论史上的经典文献》一书译者序，向刘守刚教授致谢。）

「荐书编辑」

刘　兵

上海财经大学出版社

[编辑代表作]

《财政理论史上的经典文献》

[自我介绍]

70后，理工科毕业最终误打误撞进入了编辑行当，从事编辑工作十余载。编辑工作要耐得住寂寞，有时你要潜心读稿，用心理解、揣摩作者的文字和用意；有时，你要及时与作者沟通，认真、谨慎提出修改建议；有时，你要面对广大读者，倾听、回应他们多样需求。自忖很多地方还做得不够，人常说勤能补拙，唯有加倍努力补上自己的短板。闲暇时喜欢运动，不过由于身大体笨，缺乏运动天赋，屡次受伤，只好又捡起理工科旧业，常为人帮忙贴贴手机膜之类低技术含量的活计，倒也自得其乐。

「推荐图书」

《明日之城》

[英]彼得·霍尔 著　童 明 译

同济大学出版社

同济大学出版社
微信公众号

「推荐语」

经典不逝，明日复相见

《明日之城》是一部贯穿20世纪、包含现代欧美城市规划的完整故事的鸿篇巨制。从1987年第一版出版至今已逾三十年，《明日之城》因其思想之深邃、内容之丰富、文辞之犀利，一直被视为城市规划与设计领域的经典读物。而其作者，曾任职于伦敦大学学院巴特雷特建筑学院（The Bartlett，UCL）的彼得·霍尔爵士（Sir Peter Hall）亦被视为当代国际最具影响力的城市与区域规划大师之一。

这次想给诸位推荐的正是这本经典著作的第四版：《明日之城：1880年以来城市规划与设计的思想史》。第四次修订完成于2014年，同年7月，彼得·霍尔爵士因病逝世。历时三载，第四版中文版由同济大学建筑与城市规划学院童明教授完成翻译，由同济大学出版社于2017年10月出版。这一版修订相较于前三版，一方面大量补充了自2002年第三版以来的12年间所发表的新近研究成果；另一方面也强化了自21世纪以来对全球城市规划与设计主要发展动态及趋势的描述，对信息化与全球化，以及由此而来的机遇与挑战等重要议题展开了更多讨论。同时，部分年份、百分比等细节信息亦在本版中有所更正，使得书中数据更为精准可信；而译者童明老师亦在前版基础上对新版译文进行润色，进一步提升了中文版的阅读感受。

和这本书结缘是在我念本科的时候，那时对城市发展、城市规划相关的话题颇有兴趣，便想去看一些专业书，机缘巧合之下得到了一本《明日之城》，由此对现代的主要规划设计思想有了些初步的了解与认识。后来申请到墨尔本大学城市规划专业的研究生，就带着这本《明日之城》一起漂洋过海去了南半球。在那两年间，十分感谢它如一位良师益友陪伴在我身边，给了我许多启发与帮助。加入同济大学出版社城市建筑编辑部后，却没想到还能与它再续良缘——由我接手的第一份书稿便是《明日之城》（第四版），当时的欣喜之情至今难忘。有太多情感与这本书相系相连，一时难以诉尽。

希望这本书能与更多人相遇，也希望更多人能通过它展开自己与“明日之城”的故事。相信只要我们仍对城市、对明天怀有畅想与期待，那么，与之相关的故事就将永远鲜活……

［荐书编辑］

朱笑黎

同济大学出版社

［编辑代表作］

《城市时代的遗产管理》《明日之城》（第四版）

［自我介绍］

爱观察，爱阅读。前者使我能真切地用自己的眼睛去观赏、用自己的脚步去丈量所处的这片天地；而后者则使我挣脱空间的束缚，让我能在别人的字里行间感知到一个个更为新奇的世界。工作过程中，接触到不少与城市文化、城市环境、城市发展与规划相关的选题，在书稿中通过别人的眼睛看到了更多有关“城市”的思考。而这些思考之光使我的视野更为开阔，亦使我对城市的日常观察变得更为多元丰富。

「推荐图书」

《大国方略——走向世界之路》

顾　骏　主编

上海大学出版社

上海大学出版社
微信公众号

「推荐语」

透过方略，读懂中国

本书主编为上海大学社会学院顾骏教授，由上海大学不同学院的院长、专家共同对当下中国走向现代大国展开思考，为本书的学理深度、文化涵养提供了重要保障。

本书的核心内容依托当前深受 90 后大学生欢迎、在社会上引起高度关注的“大国方略”课程，旨在让青年人在中国历史转折的关键时刻，能看懂大局、把握大势。正是有了这样一条主线，加之“符合中央政策，蕴含民间意愿，呈现学者观点”的编纂方针，使《大国方略》从策划、成型到召开出版座谈会，其间得到了社会各方的持续关注和重视。

借用中国自古对“势”的理解，《大国方略》阐述的正是中国在走向世界过程中是如何谋势、蓄势、借势、运势和胜势的。透过近现代史上的“留学潮”现象，作者点明中国自强不息地学习世界，谋求文明古国浴火重生的曲折道路；经由辩驳“历史终结论”，作者阐明中国道路的历史意义及其蓄势而为对世界的诸多贡献；借由“中国龙”的形象，作者直呼中国将开创人类前所未有的大国和平崛起之范例。而透析中美新型大国关系的走向、“丝绸之路经济带”的发展前景、高铁出口的全球财富分布，并以知识产权为焦点关注中国的自主创新之路和以中国传统文化精华来回应国际话语权等问题，则是由具体案例引出了中国是如何在国际化舞台上运势的。

中国的胜势不仅需要“中国战略”的层层铺垫，更需要“人”的力量。一切战略的执行，人是关键。青年群体是中国未来发展的中坚力量，他们对于国家的认同和理解，将直接影响中国能否在国际舞台上“胜势”而定。因此，这不仅是一本阐述中国战略的书，更是一本写给中国青年的书，作为该书编辑，我们努力把它打造成为政治理论读本中的艺术品，希望它能走进千千万万读者的内心，为读懂中国，理解中国重大战略举措背后的深意贡献力量。

「荐书编辑」

徐雁华

上海大学出版社

[编辑代表作]

《大国方略——走向世界之路》《"大国方略"课程直击》《中国原生艺术手记》《喀什麦盖提刀郎画乡原生农民艺术作品》

[自我介绍]

梦想做一套最可读的民国大师传记，做一本最权威的张国荣传记，拥有一家私人小型图书馆，最重要的是，做一个好编辑！

「推荐图书」

《创新路上大工匠》

顾　骏　主编

上海大学出版社

上海大学出版社
微信公众号

「推荐语」

讲述创新大工匠的故事

这是著名社会学专家、媒体评论人顾骏教授以一名“科技粉”的身份记录下的十位在国际、国内卓有成就的科学家、工程师的创新成就以及他们锲而不舍、终成佳绩的过程与贡献之片段。

书中的主角包括中国工程院院士、上海大学党委书记、校长金东寒，中国硅酸盐学会副理事长、国家重点基础研究发展计划项目首席科学家罗宏杰，上海大学计算机工程与科学学院院长、英国帝国理工学院数据科学研究所所长郭毅可，国家杰青、上海大学无人艇团队领军人物罗均，上海大学生命科学学院“心脏再生与衰老”实验室 PI 肖俊杰等等。

书中的故事都发生在智能机器人、大数据、材料基因、生命科学等前沿科技领域，常人往往会以为他们难以接近，他们的故事更难以阅读。我也正是怀着好奇、多少有些“敬畏”的心态，接手这部书稿的编辑工作的。本来想着书稿的内容可能会比较严肃、生涩，然而，看完了第一篇《激流险潭，且看无人胜有人》，介绍那艘淘气地与海上警察玩“捉迷藏”的无人艇“精海 1 号”，立刻就被它吸引住了。看科学家团队如何调试无人艇在激流险潭中劈波斩浪，如何到南极为“雪龙号”科考寻找锚地……让人忍不住赶紧去搜搜萌萌的无人艇“小白”究竟长啥模样。

郭毅可教授谈起他的“大数据”研究，说“创新就是好玩”，回忆当年利用“大数据”成就了那件给彭丽媛的礼物，现在又如何在研究让机器更像人的课题……不知不觉让人从有趣的故事中获得有效的创新意识的传递。

书中精彩故事多多，极具可读性，记录、传递了“大工匠”强烈的创新意识、家国情怀和文化自信。

《创新路上大工匠》在2016年被上海市委宣传部列为主题出版重点孵化扶持项目，在2017年被上海市教委和上海市新闻出版局列为上海高校服务国家重大战略出版工程资助项目。

「荐书编辑」

庄际虹

上海大学出版社

[编辑代表作]

《创新路上大工匠》《近代名译丛刊：侠隐记》《商周铭文注译》《花外集笺释》

[自我介绍]

以从容与虚心，执编辑之职；以求知与明智，与书籍为友。

文学

［推荐图书］

《屡次想起的人》

沈大成　著

上海文艺出版社

上海文艺出版社
微信公众号

［推荐语］

世界上没有绝对的秘密，却会有你屡次想起的人

“作为高等生物的人类，似乎应该坚强，要有搞明白为什么害怕和苦恼的能力，还要有和讨厌的事物正面作战的勇气。”沈大成在小说《义耳》里这样写道，我刚刚感觉到被这位作家鼓励了一下，下定决心要去完成那些对我而言比较苦恼又艰难的工作，但是目光扫到下面一行，只见她小说里的主角表示：“这么说对我没有用，我不听。”

OK，我仿佛把刚刚伸出被窝的头和手又缩了回去，觉得自己有理由再任性地躺一下。

对我而言，沈大成就是这么有说服力的一个作家。一个严肃文学作家，起一个糕团店的名字作为笔名，简直不正经极了——她的读者见面会上，“沈大成”“沈大成”之类的呼唤声此起彼伏，总会让突然闯入的人产生一种“我是谁”“我在哪儿”的人生终极疑问。

但是沈大成就是有本事把这个糕团店都变得肃穆起来，使我每一次吃沈大成的双酿团或者条头糕都有一种敬畏之情——这场景似乎有些好笑，因此更像沈大成笔下的那些角色们了，那些严肃活泼，隐身于世界各个角落，并用心生存的人们。

在《屡次想起的人》里，沈大成用 15 篇短篇小说描述了一些奇怪的人。你肯定没有见过这样的人——因为他们都是由沈大成创造出来的，不属于这个世界的人。

《义耳》里的塞尔先生，是无耳族人。无耳人，平时没有耳朵，不需要听见声音，只在必要时刻拿出义耳装上。这样他们无须听到无休止的争吵，只把听力留给美好的事物，比如音乐。《口袋人》的身体里有很多口袋（你不妨想象成袋鼠），因此他们中做贼的比例相当高——可以把赃物巧妙地藏在身体里带出去。

虽然创造出了这些奇怪的人以及奇怪的城市，但是好的想象力并不是脱离现实的。这里面的人们，都努力融入正常人的世界，隐藏自己的秘密。偶尔，这些秘密会被他们身边亲密的人发现，他们只能选择飘然离去，成为我们心目中“屡次想起的人”。

在《口袋人》里，作为普通人的“我”，此生再也没有见过童年好友，那个“口袋人”。人生是充满遗憾的，即使是在小说里，沈大成也毫不手软。

那么，有没有光明的时刻呢？

在《阁楼小说家》里，沈大成笔下的出版人说出了这样的理想：“我们和小说家之间，像是建立了一种古典的关系，这种关系不要求双方马上完成交易，货款两讫，它脱离了现代人立刻就要见到好处的趣味，从而使我看到自己的灵魂某些地方还光洁发亮，自己的心胸又宽又广。我做别的事情时也笃定一些，出版某些不应该搭上树木的命的书时，一想到小说家，我就可以说我还是一个堂堂正正的出版人，毕生都在促成好作品，我是合格的，没有愧对我的职业。”

每当我失去力量时，每当我感到沮丧“为什么有的好小说未能拥有与之匹配的命运”时，我都会想到上面这一段话。

于是，我再一次把头和手伸出了被窝外面。

「荐书编辑」

项斯微

上海文艺出版社

[编辑代表作]

《第十三天》《屡次想起的人》《小说界》

[自我介绍]

生活在上海的成都人，青年编辑以及作家。爱美食，以及一切有趣的事物。上海作协成员，出版个人小说集《不许时光倒流》《浪掷少女》《男友告急》等。目前努力学习，做好“校对女孩”，目标是“重版出来”！

「推荐图书」

《惊悦》

[英] C.S. 刘易斯　著　　丁　骏　译

上海文艺出版社

上海文艺出版社
微信公众号

「推荐语」

刘易斯自传

《惊悦》是英国 20 世纪著名的文学家、学者、批评家、“最伟大的牛津人”C・S・刘易斯写于人生暮年的自传。自传从他出生的 1898 年写起，止于 1930 年前后。在那之后的二十几年里，刘易斯写出了他最广为人知的经典奇幻小说“纳尼亚王国”系列；“二战”期间，他的名字在英国变得家喻户晓，因为他应邀在 BBC 电台做系列讲座，成功鼓舞了英国民众抵抗纳粹德国的士气。刘易斯之所以选择在他的自传中不涉及世人眼中他声名显赫的后半生，是因为自传所终止的地方，在他看来，是其一生最重要的节点——刘易斯确立了他的信仰；那之后的人生，与其他信徒并无不同，那些成就，微不足道。正如他在自传最后一章引用的奥古斯丁的话所言：“凭栏远眺平安之地，是一回事……长途跋涉走向那里，是另一回事。”刘易斯在自传写作中所做的，便是穿越时空重返过去，与当年的自己一起重新体验成长的历程，梳理出曲折多变的思想演进历程，呈现长途跋涉中的风景。

《惊悦》是这样一本书：面向所有人，无论年龄、经历、阶层、身份；两三个夜晚便可通读，却会在一整年里反复咀嚼。《惊悦》展现了阅读所应有的美好——丰富的知识、温暖的文字、锐利的思想。

如果你是一个喜欢阅读的人，你应该很容易就会翻开《惊悦》，茶余饭后的“闲读”是进入“惊悦”的一条路径。

如果你有着或模糊或清晰却丰富的回忆，相信童年经历对人的性格形成和精神成长有着不可磨灭的深刻影响，并且好奇于人生塑型的过程，你应该会特别喜欢《惊悦》，刘易斯在《惊悦》中所记录的正是他对自己早年人生细致入微的回忆以及内省式的思考批评。

如果你相信，或者哪怕只是怀疑，生长在现代社会的人也是可以有信仰的，也是可以过一种有信仰的生活的；如果你好奇于刘易斯是如何完全通过自己的理性来认识、理解信仰，并最终接受信仰，为信仰而辩护——你可以读《惊悦》。

《惊悦》是 2016 年我读到的最好的一本书，是将会影响我今后人生的一本书。

[荐书编辑]

胡远行

上海文艺出版社

[编辑代表作]

《惊悦》

[自我介绍]

做好书，好好做书。

「推荐图书」

《吃透人生，慢慢来》

冯淑华　著　　李梦皎　绘

上海文化出版社

上海文艺出版社
微信公众号

「推荐语」

食物是桥

她让我再一次也是最后一次深信：炊无定法，食无定味，饮食因人而有滋，命运因食物而有味。

——沈宏非

法国、塞内加尔、柬埔寨、葡萄牙、摩洛哥、瑞士、越南、扎伊尔……10 个温暖感人的异国故事，带出 10 种不同口味的食物。有的很开胃，有的需要一点时间消化，有的略带辛辣，有的平淡如水，需要静下心来慢慢品尝。人生百味，不同味道的食物，寓意不同滋味的人生。边品尝美食，边听讲故事，一不小心，也透露出了作者和读者自己的心迹。

人的故事为什么跟某一道菜遭遇在一起？

人是命定地要和食物遭遇。

食物是桥，桥的意义，“不只是把已经现成的河岸连接起来了。……桥与河岸一道，总是把一种又一种广阔的后方河岸风景带向河流。它使河流、河岸和陆地进入相互的近邻关系之中。桥把大地聚集为河流四周的风景……同时也为终有一死的人提供了道路，使他们得以往来于两岸。”

生活里人总是可以享用这样的幸福，人聚集四时长成的鲜蔬果品，无私的牲畜荤腥，配合稻米、面粉、盐和其他自然精粹，身体力行地参与到一道菜品的产生之中。当一道菜品出现，它将人聚集到了一起，令人们在与自然风味、人力劳绩的相遇中暂得休息，互相交流各自的故事和历史，以及真实的自己遭遇。食物作为这个情境里的小小的中心，把如此温馨的场景聚拢，呈现并点亮。家庭晚餐，朋友聚会，又或是情人烛光晚宴乃至“一人食”，这一短暂的，而又每日都在重复的生活一面永远是真实不虚的。

「荐书编辑」

王绍政

上海文化出版社

[编辑代表作]

《吃透人生，慢慢来》

[自我介绍]

爱好篮球，阅读，电影。

「推荐图书」

《茨威格作品集》

《象棋的故事》 韩耀成　关惠文　译
《艾利卡・埃瓦尔德之恋》 高中甫　译
《一个陌生女人的来信》 韩耀成　译
《昨日之旅》 关惠文　等译
上海译文出版社

「推荐语」

透明的衣衫熨贴在古典雕像身上

“我欣赏您对妖魔般的人物的心灵的发掘，我欣赏您精巧优美的语言，它表达的思想极为贴切，看上去像是透明的衣衫熨贴在古典雕像身上。”弗洛伊德曾经在给斯特凡・茨威格的信中这样写道。茨威格笔下的世界恰如弗洛伊德所说，敏感、精致，掩藏着隐秘的激情。

上海译文出版社
微信公众号

茨威格几乎可以算是当今拥有读者最多、最受欢迎的德语作家，这套上海译文出版社出版的茨威格作品集，收录了茨威格一生中的重要作品，由韩耀成、关惠文、高中甫等资深德语译者翻译，是我自己从小到大读过的熟悉的文字。设计师为新版装帧选择了温暖的亮色，给这个稍稍有点雾霾的冬天带来灰色之外的斑斓，算作送给爱书人的新年礼物吧。

茨威格选择了最简单也是最艰难的主题——爱情，或者说激情——作为他作品的基本主题，但是他笔下没有莫泊桑那些快乐的、甚至有些粗野的轶事趣闻，高尔基曾说，“在他之前还没有人这样深刻地怀着对人的惊人的慈悲之心描写过爱情”。茨威格笔下的主人公们总是一次次地在怯懦、不堪、悲剧性的命运中挣扎，但偶尔，作者让他们开口唱歌，在那结结巴巴的歌声中，确实隐藏着扣人心弦的情感。

比如《艾利卡・埃瓦尔德之恋》，敏感的少女加意提防公开显示自己的幸福，因为爱情如同一件有上百个容易损坏的地方的艺术品，随着笨手笨脚的人一声惊恐的喊叫就会彻底粉碎；比如《一个女人一生中的二十四小时》，四十岁的女主人公在瞬间激情的驱使下委身于连姓名也不知道的赌徒，在这一个小时里，一片看不见的大海里的千重细浪把时间撕得粉碎；比如《灼人的秘密》，小男孩被出轨的母亲拥在怀里，多年以后他才认识到母亲的泪水是一个老之将至的人的誓言，从那一刻起，她只属于他，属于自己的孩子，这意味着与自己的欲念诀别；比如《一个陌生女人的来信》，“从来也没有认识过我的你啊！”没有留下姓名的女人在临终前写下的长信中反复说的这句话，是表白，还是哀怨？

[荐书编辑]

张　鑫

上海译文出版社

[编辑代表作]

《微妙》《没有个性的人》《树敌》《茨威格作品集》

[自我介绍]

法语系毕业然后入行三年除了法文作者还集邮了埃科、穆齐尔、茨威格、特朗普……

每年都强行留在青年编辑队伍里，这样就可以 copy 前前前年的自我介绍了：我相信每个人心里都有一撮火，路人只能看到烟，但总有那么一些人能看到这火，然后走过来，一起燃烧。我这团火还微小，路还长。

「推荐图书」

《和他们说说战争、国王和大象》

[法] 马迪亚斯·埃纳尔　著　　邹万山　译

上海译文出版社

上海译文出版社
微信公众号

「推荐语」

1506 年的夏天到底发生了什么事?

1506 年，米开朗琪罗只身前往伊斯坦布尔。他要接下达·芬奇无法完成的任务，为苏丹建造一座跨海大桥，这样就能证明自己的实力和才华远高于劲敌达·芬奇。

只是时间流逝，米开朗琪罗迟迟无法完成大桥的设计，罗马教廷却已下达通牒令，令其即刻返回。教皇的盛怒、贵族的蔑视、劲敌的威胁令米开朗琪罗无所适从。诗人梅西希的出现令背井离乡的画家稍感安慰，两人的友谊在伊斯坦布尔的幽巷和酒馆中滋长。

梅西希在历史上确有其人，他生于普里什蒂纳（现科索沃共和国首都），是奥斯曼帝国时期最伟大的诗人之一，信奉享乐主义。梅西希留存于世的作品只有一首，通过 William Jones 爵士译成拉丁语，很长一段时间中，这首《春之颂》是在欧洲最知名的土耳其诗歌。虽名为《春之颂》，其实借歌颂春天，描写了 46 名土耳其美男子。

梅西希承认这首诗有悖传统，但自信上帝会饶恕他的:“我迷失的心灵裂成许多碎片，每一块碎片钟情于一个美男子。”

其实米开朗琪罗算不上美男子。但，“米开朗琪罗在寻找爱。米开朗琪罗害怕爱，正如他害怕地狱。每当他感到梅西希的目光落在他身上，他就会移开视线。”一个多月之后，米开朗琪罗仓皇逃回罗马，此后没有踏足伊斯坦布尔。

1509 年，也就是三年后，米开朗琪罗设计的大桥在建造过程中遇到地震垮塌，再也没有人提起。1512 年，又是三年后，梅西希在潦倒中去世。最后几行诗篇这样写道:“神啊，请不要将我送进坟墓，我还未曾依偎于我朋友的胸膛。”

至于米开朗琪罗，他继续将美播撒至世界。或许你会发现，圣彼得大教堂的穹顶和圣索菲亚大教堂有相似之处。他或许把自己的一些思绪寄托在了绘画当中。但“向彼此深处的两只手指最终没有相遇。”

1506 年的夏天到底发生了什么事？一切随风消散。

又过了 500 年，有位设计师将达·芬奇的设计稿变成了现实，这座桥于 2001 年在奥斯陆通车。真的挺炫的！

本书获得法国龚古尔特别奖，成为法国畅销书，本书作者 2015 年夺得了法国文学最高奖项——龚古尔文学奖。

「荐书编辑」

黄雅琴

上海译文出版社

[编辑代表作]

“夏洛书屋”童书系列、《和他们说说战争、国王和大象》

[自我介绍]

一个脑洞有点大，整天自嗨也不知道乐点啥的小小编辑，喜欢八卦、冷知识。之所以投身出版工作，就是想把自己喜欢的书，喜欢的东西分享给更多的读者，仅此而已。

［推荐图书］

《中华传统节日诗词故事》

陆　襄　主编

上海远东出版社

上海远东出版社
微信公众号

［推荐语］

节日诗词背后的故事

今天我要推荐的书是由上海远东出版社出版的《中华传统节日诗词故事》。本系列共四本，分别为《春节·元宵》《七夕·中秋》《清明·端午》《重阳·除夕》。初被这套书吸引，是因为看到书名的时候，就回忆起读书时背诵各种诗词的日子。印象里，每张语文试卷里总有那么一道题，要求默写有关节日的诗或词。那时的我们，总希望自己就活在古时候，想到一个节日，诗词便能脱口而出。我想，此时此刻当孩子们翻开这本书时，或许就能实现我们儿时心中有诗的梦想；而大人翻开这本书，仿佛重温了儿时美好的生活。

不知道你发现没有，过年时我们会放鞭炮，抄对联；元宵节无论吃元宵还是吃汤圆，总要看花灯；中秋节无论做苏式月饼还是广式月饼，都要团团圆圆……但是，当我们包饺子、吃粽子或者挂艾叶、放花灯的时候，你有没有想过我们为何这样做？当我引用“明月几时有”的时候，我们可知这阕词究竟几时有的，为何有的？当孩子问你：“为什么重阳节要登高采菊”的时候，你能告诉他原因吗？而这一切的答案，或许都能在这套《中华传统节日诗词故事》中找到。

来自于[宋]王安石的标准答案

元 日

爆竹声中一岁除

春风送暖入屠苏

千门万户曈曈日

总把新桃换旧符

在书里，你可以看到王安石在除夕为我们带来的满满正能量。读到这首诗，我们看到的是新春佳节热闹的景象，感受到人们在这个辞旧迎新的日子里愉悦的心情。但是当我们读了《中国传统节日诗词故事》，就能了解这首诗背后的情感。诗人王安石不仅是一位诗人，更是一位政治家，他曾两次担任宰相，积极实行变法，这首诗更是表达了他主张变法，除旧布新，希望能以此强国富民的抱负。

书中还有很多很多美美的诗词和有意思的诗词故事，是时候读一读“中华传统节日诗词故事”系列图书了！

［荐书编辑］

王锦云

上海远东出版社

［编辑代表作］

《中华传统节日诗词故事》

［自我介绍］

我喜欢看书，也喜欢旅行。书能带着我去很多去不了的地方，也许是别人去过而我没有机会去的，也许是别人心间的乐园；而旅行能给我许多“只能意会，不能言传”的体验。刚刚做编辑一年多的我，对这个职业充满了热爱，我有机会比别人先读到作者的创作，有机会让它变得更好后再呈现给别人，也有机会策划一本大家想看的书。希望这份热爱能随着岁月沉淀出更多东西。

「推荐图书」

《惜别》

止　庵　著

北京世纪文景文化传播公司

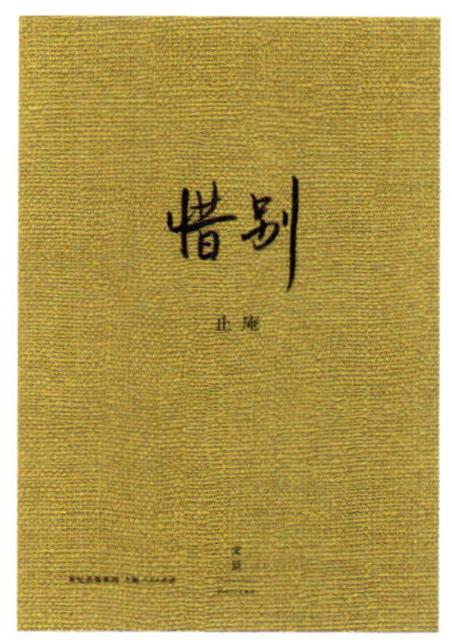

北京世纪文景文化传播公司微信公众号

「推荐语」

我们的平凡仍可诉说

2014 年 8 月，止庵先生独成一部的散文作品《惜别》在文景出版了。这是我进入文景工作一年后，作为责任编辑所出的第一本书，它对于我的意义自然非同寻常。

《惜别》是止庵先生回忆母亲、思索生死的一部作品，但比起这些，如今我更愿意说，它是一部书写平凡生活的可亲之书。

一直以来，我似乎并不欣赏平凡。从小总在琢磨的事情之一，就是如何能和别人不一样，如何可以让自己不被归入“大多数”。因为在我大部分的成长时光里，平凡是被理解为寡淡和无趣的，它意味着大同小异，意味着个体被淹没于群体中，失去发声的机会。

平凡，究竟有何可说？

然而在 324 页长的《惜别》中，着力呈现的恰恰就是一个老人平凡生活的琐碎细节：母亲看电影了，母亲在读书，母亲给子女写信，母亲谈论怎样做好一道菜，母亲记录自己一天的日子是如何度过的……这些细节在现实世界里太寻常了，以至于当我读着它们的时候，我不觉得是在窥看一个陌生人的生活，每每跟随文字所浮现在眼前的画面，都是我自己的母亲做着这些事的样子。甚至——这并不夸张——也是我自己平日生活的一种投影：不甘寂寞；想让自己变得充实而有用；希望努力生活地更好一些，即便总有些牵扯不断的过去涌上心头，以及无可奈何的事情突然发生。

书里的母亲曾是不属于“大多数”的大家闺秀，但是止庵先生却对此着墨甚微，并不断重复道：“我的母亲是个普通人，无论关于生，还是死，她都是一个普通人的想法，一个普通人的态度，并没有什么超人之处。”他把自己对母亲的回忆和情感，都放在母亲晚年那日复一日、平淡无奇的场景中，因为这种平凡日子是母亲一生最珍视的时光。

也偏偏就是这些寻常到几乎不值一提的细枝末节，长久而深沉地触及我的内心。我想起了在我幼时就已过世的姥爷。他的样貌、乡音，已在我心中淡去很多，可至今仍然顽强且生动地留在我记忆里的，竟是他每次贴着碗边儿喝粥时发出的“呼噜呼噜”声，可爱极了。多普通的声音啊，于我却是姥爷存在过的最深刻的印记。

其实说到底，那些你有我有大家都有的生存常态，即是平凡，它不是指向“大多数”，而是指向“所有人”。也许平凡是寡淡的，传奇是刺激的，但并不因此平凡就是无声的，不值得诉说的。生而为人，平凡就是不可省略的存在基石，我们迟早会拥抱这一点，再去追求个人的不一样。如同今年朴树让很多人单曲循环的那首《平凡之路》：“直到看见平凡才是唯一的答案。”

［荐书编辑］

翟　桉

北京世纪文景文化传播公司

［编辑代表作］

《惜别》《西方当代雕塑》《中国当代艺术史：2000—2010》

［自我介绍］

“自我”启蒙于童话《长袜子皮皮》。喜欢她倒着走路，喜欢她单手举马。她让幼时如缚茧中的自我有了微微的觉醒，开始想象自由的状态是什么，开始体会原来与众不同并不一定不被欣赏。从此人生逐渐开始。厌恶教条，追求独立思考，警惕成长路上竖立的“为你好”、“别想太多”等大字标语。于是有过偏激的叛逆阶段，但磕磕绊绊，绕过些弯路后，始终还是觉得没有什么比自己亲尝生活百味更值得的。重精神，有点轻物质，认为对于（且身为）饿不死也作不起的最广泛群众而言，经济基础能不能决定上层建筑，全凭一句“我乐意”。

「推荐图书」

“徐家汇藏书楼双语故事经典”丛书

总策划：梅雪林　陈宁宁

上海科学技术文献出版社

上海科学技术文献出版社
微信公众号

「推荐语」

传承经典，孕育新知

我要推荐的是“徐家汇藏书楼双语故事经典”，上海科学技术文献出版社于2014年推出的中英文双语少儿文学读本，分为“插图典藏本”和“插图普及本”两个版本，目前已出版22种。内容既有《安徒生童话》《格林童话》这样家喻户晓的童话经典，又有英国、意大利、俄罗斯、印度、日本等国家的民间传说，还有莎士比亚、狄更斯和丁尼生等大文豪、桂冠诗人名作的改写版。

丛书的每一个分册都选用19世纪末20世纪初问世，曾在西方世界数十年畅销不衰的经典版本，它们来自隶属于上海图书馆的徐家汇藏书楼。这些版本在市场上已难以寻觅，有些甚至从未被译介到中国。《伊索寓言》采用的是20世纪最初10年中销量最高、流传最广的雅各布斯版，《莎士比亚戏剧故事》由英国著名儿童文学女作家伊迪丝·内斯比特改写，《丁尼生诗歌故事》则由十九世纪末爱尔兰文学运动的推动者诺拉·切森改写。名家们在一个世纪前为了让西方小读者能亲自阅读这些故事所做的努力，在通过采用中英文双语形式出版的“徐家汇藏书楼双语故事经典”丛书保留了下来，让今天生活在中国的小读者们依旧可以读到这些英语原文。

从书选取的经典版本最初出版的年代正是英国插画的第一个黄金时代：当时报纸、杂志与配有插画的图书成为大众主要消费的媒体，插画市场空前繁荣，印刷技术的提升也使插画家们得以大胆进行配色与技法的实验。插画艺术的黄金时代同时为女性画家们带来了史无前例的职业机遇，大众对商业插画的巨大需求使许多女性画家由此在先前被男性统治的插画行业取得一席之地。“徐家汇藏书楼双语故事经典”丛书中收录了来自哈罗德·西塞尔·厄恩肖、查尔斯·埃德蒙·布罗克等多位昔日著名插画家的作品。问世年代相对稍早的《爱丽丝漫游奇境》和《爱丽丝镜中奇遇》则采用了约翰·坦尼尔爵士的插画，也是所有“爱丽丝”插画中最著名的版本。

值得一提的是，“徐家汇藏书楼双语故事经典”还包括《泰西五十轶事》和《泰西三十轶事》两种一度从市场上绝迹的经典少儿读本。这两本书的作者詹姆士·鲍德温出生于美国，曾在 19 世纪后期担任过 18 年的教职，后转而编写教科书、创作少儿读物。美国一度有一半以上的学校采用他编写的图书作为教材，因而《泰西五十轶事》和《泰西三十轶事》在西方具有非常广泛的影响力。20 世纪 20 年代，这两本书被引进中国，以英语教材的形式影响了众多的中国学子，兼有“读本”和“课本”的双重阅读价值，至今仍是许多长者的共同记忆。

作为对传统经典的一次修复与传播，《徐家汇藏书楼双语故事经典》丛书不仅是一套具备收藏价值的优秀读本，更是肩负着传承理念、孕育新知的使命。

［荐书编辑］

夏　璐

上海科学技术文献出版社

［编辑代表作］

“徐家汇藏书楼双语故事经典”丛书、“三天明白”丛书

［自我介绍］

深夜报社爱好者，欢迎投喂。

吃货一枚，混迹于长乐路一带，以深夜发布美食图片为乐。热爱旅行，常做行程规划，但大多不会实践。日剧迷，目前正期待冬季新番。

「推荐图书」

《奥斯维辛的小图书馆员》

[西班牙]安东尼奥·G. 伊图贝 著 申义兵 译

上海世纪文睿文化传播分公司

上海世纪文睿文化传播分公司微信公众号

「推荐语」

通往希望之光

这是一则隐匿在书本之中的死亡颂歌，这是一本上帝视角的《安妮日记》，这是一部用另一种方式保护了无数生命与心灵的《辛德勒名单》。这本由西班牙著名作家安东尼奥·G. 伊图贝所著、申义兵翻译、世纪文睿所出品的“反法西斯七十周年纪念丛书”系列之一的《奥斯维辛的小图书馆员》，将带给我们一个不一样的、集中营死亡阵地之中的生存险旅。

蒂塔，这场上演在奥斯维辛生死竞速的奔跑少女。这个十四岁的小姑娘单薄的衣衫之下，藏匿着一个秘密而艰巨的任务——那里有一座世界上最小的，会移动的战地图书馆。在集中营里，她看起来与所有人一样，是一介囚徒、犹太人、缓期死刑犯，然而，奥斯维辛这个地狱里，在一座为了维持集中营表面“政治正确”，因欺骗目的而存在的“家庭营地”之中，她是秘密图书馆馆长、智勇双全的战士、光明与希望的执火者。

“奥斯维辛严禁书籍。”

然而，奥斯维辛的小图书馆员手中有八本书，地图、《初等几何》、《世界简史》、《俄语语法》、《精神分析疗法新思路》，一本法语小说，一本俄语小说，最后一本是《好兵帅克》。蒂塔临危受命，从她的导师、恩人、家庭营地的守护者弗雷迪手中接过它们，她躲避守卫，保护书籍，她将书带给了孩子，将那高墙铁丝网以外的生活带给看书的所有人，并利用书籍的力量支持着他们，直到绝望的尽头，等来战争的结束。

小图书馆员的故事穿插在整个巨大的二战背景下，书中描述的大部分内容、人物皆有史可查，魔鬼医生门格勒、《安妮日记》作者小安妮、逃离者鲁迪·罗森博格，他们经历过恐惧、企图起义、反复失败，付出了难以想象的代价，无数人在这过程中死去，而蒂塔终究幸存下来，如同她所做的，在冰冷的死亡中煨暖着无数灵魂的火种，这结局就仿佛是对人世的一次祝福。

[荐书编辑]

范晓涵

上海世纪文睿文化传播分公司

[编辑代表作]

《中庸解读——我们时代的中庸》《戏剧的毒药——西班牙及拉丁美洲现代戏剧选》《奥斯维辛的小图书馆员》

[自我介绍]

80 后生人，文学硕士，作品常见于书报，三无少女。好读书，不求甚解，考古星人，沉迷魏晋的魏，同时爱好机械、科幻、布袋戏。现在企图为编辑事业做一点微小的贡献。

「推荐图书」

《既见君子：过去时代的诗与人》

张定浩　著

华东师范大学出版社

华东师范大学出版社
微信公众号

「推荐语」

既见君子，云胡不喜？

三年前，我重读楚辞的时候，无意中看到定浩的一篇文章。那时他用 waits 的 id 在豆瓣上写长长短短的评论，开篇便深得我心，“过去读古诗，遇到楚辞，总是有绕开的心思，因为里面有太多的生僻字，即便有好的注本，也终究隔了一层，像是在啃艰深的学术书。即便看明白了，也不会如旧世界的士大夫那般触动，只是增长了些无用的知识。游国恩曾把楚辞学分成训诂，考据，义理，音韵四派，我看来看去，哪一派和自己都不相干。我虽然不讨厌学问，但读楚辞就是读楚辞，若是因此掉进楚辞学的大坑，南辕北辙，不小心‘磨砖作镜，积雪为粮’，那可不划算。”读书最要不得势利心，但也不知为何总是读书人最势利，于是勇于承认这一点竟也成了可贵的品质。

然后就是关注他，文章散见诸报刊云云的说法，介绍起来随性，搜集起来还是有些麻烦的。等等，读者的麻烦不就是编辑的机会吗？趁着一次 2666 读书会的机会，和定浩线下相认，“过去时代的诗与人”系列书稿开始成型。阅读古诗很难仅仅只是注视性的。读古诗，应能不止于诗文，而见古人，见到君子的生命。如今很多作品将古代想象为与今日中国迥然有别的他者，将古代架空成品味和文化。而这本书稿在谈论古代诗与人的过程中，彰显出古典世界自身强悍和隐秘的、能够通往当下的、生生不息的存在。无论时空如何变化，人之为人的情感世界依旧有其相通之处。现在地铁中拎着电脑包赶去上班的程序员是一种新的旅人。那些古代的诗歌和诗人，震荡我们今日的存在，照亮我们今天的生活与生命选择。

最终，书稿定名为《既见君子》，原先的“过去时代的诗与人”变为副标题。开本选择了一手在握的小 32 开，有读者朋友说出门带在身边，坐地铁乘公交的时候看，不方便的时候就把这本小书随手放到外套的大兜里。能提供这样的阅读便利，我想这本书大概算是做到了妥帖的感觉。既见君子，云胡不喜？

［荐书编辑］

顾晓清

华东师范大学出版社

［编辑代表作］

《代表作和被代表作》《愿你的道路漫长》《我自己的陌生人》《知识不是力量》《迈克尔·乔丹与他的时代》《既见君子：过去时代的诗与人》

［自我介绍］

80 后。既然在做喜欢的事了，就用喜欢的方式去做吧。

「推荐图书」

《空巢》

薛忆沩 著

华东师范大学出版社

华东师范大学出版社
微信公众号

「推荐语」

关于父母，我们到底知道多少？

第一次听到薛忆沩的名字，是在 2012 年（恕我寡闻，竟然不知鼎鼎大名的《遗弃》与其作者），那一年，我社出版了他的随笔集《与马可·波罗同行》，后来熟悉了，才知道 2012 年的特殊意义：薛忆沩共有六部作品同时出版，业内媒体将这一年称为“薛忆沩年”；之后两年，我频频听到这个名字，因为我社又接连出版了他的短篇小说集《出租车司机》和《首战告捷》，并获得了热烈的反响，“薛忆沩”这个名字也因而具有了当红作家的标签。

我仍然记得自己五个小时后读完这部小说时，所感受到的那种震撼与冲撞。薛忆沩这位被称为“中国文学最迷人的异类”、力图将数学的精确与浓密的诗意融为一体的文坛传奇，用他优雅精准的汉语“带着精妙的细节”，瞬间粉碎了一个身在母语世界却离母语日渐遥远的执迷编辑的作茧自缚。

除了语言，这部小说的结构尤其令评论家们疯狂。电信诈骗是波及无数中国家庭的“人祸”，人口老龄化是目前中国面临的重大社会问题，小说通过一个具体的诈骗案件将这两个“热点”巧妙地结合在一起，把一位知识女性的一生压缩于 24 小时当中，“大恐慌、大疑惑、大懊悔，大解放”四个章节，既是主人公生命最后 24 小时的心路历程，也是她被卷入社会大变革过程的 80 年人生经历。黄子平教授为入选“深圳读书月十大好书”的《空巢》所写的推荐辞是这样说的：“薛忆沩的大手笔把一个普通的电信诈骗案升华为一部炉火纯青的心理小说，在一天 24 小时经历的恐惧、疑惑和懊悔中，演绎了一个时代的空虚和悲悯。”

编辑和作者都觉得，《空巢》虽然以一位 80 岁的老人为主人公，但在一定程度上，它是中青年读者更应该读到的作品。关于自己的父母，我们到底知道多少？

这是每一个身为子女的人都应该问的问题。我们知道他们的生日身高体重和鞋子尺码，我们知道他们有糖尿病高血压房颤或骨质疏松，但是我们知道他们童年时代的委屈和青年时代的迷惘吗？我们知道他们做过的或大或小的坏事吗？我们知道生活在他们的心灵中留下的创伤吗？……小说中那位出租车司机的人生感叹很典型，他与父亲多少年都没办法相处。终于“认识”父亲，想跟他说话的时候，留给双方的时间却已经不多了。对于尚且年轻的我们，这样的情节也会触动心灵；对于终将老去的我们，则必将引发更深的思考。

最后，迷途知返的编辑斟酌了她的措辞，觉得这样表述也许达意：《空巢》是一部令人叹为观止的作品，它不是以“空巢老人”和“电信诈骗”为关键词的流行小说，而是直抵人性和心灵的永恒经典！

「荐书编辑」

朱华华

华东师范大学出版社

[编辑代表作]

《空巢》《献给孤独的挽歌》《杜威全集》《世界史：大时代》

[自我介绍]

长时间理性，偶尔疯癫。

80 后，2000—2007 年，求学于华东师大哲学系，毕业后入华东师大出版社。

［推荐图书］

《叶芝诗选》

［爱尔兰］叶　芝　著　　傅　浩　译

上海外语教育出版社

上海外语教育出版社
微信公众号

［推荐语］

不一样的《叶芝诗选》

2015 年春节联欢晚会上，歌手莫文蔚的一曲《当你老了》格外引人注意，歌曲平实质朴，听来却令人动容。这首歌的歌词，就来自爱尔兰著名诗人威廉·巴特勒·叶芝的《在你年老时》(*When You Are Old*)。2015 年恰逢叶芝诞辰 150 周年，为纪念这位杰出的诗人、文学家，上海外语教育出版社出版了《叶芝诗选》一书，该书精选汉译叶芝诗歌 157 首，由叶芝研究专家、译者傅浩先生加以重新修订，与标准版叶芝诗歌原文对照刊出，作为向诗人的一份献礼。

叶芝是用英语写作的爱尔兰诗人，被 T·S· 艾略特誉为“20 世纪最伟大的诗人”。他的诗歌富于想象，带有“超乎个人生活之外的神秘的‘螺旋’体系色彩”(菲利普·拉金语)，他的语言精美隽永，十分耐读。读叶芝的诗不仅能提高对英语文学语言的认识，也能增加文学素养，陶冶情操。

叶芝的诗歌选集，兄弟出版社出过很多，这次本社推出的《叶芝诗选》特色鲜明。译者傅浩先生是外国文学研究专家，现任中国社会科学院外国文学研究所研究员。傅先生从大学三年级开始翻译叶芝诗歌，二十余年间，共翻译出版了四个版本的叶芝诗集。这次本社出版《叶芝诗选》，译者对旧译做了一次全面修订，还增加了一些新译的篇章。据傅先生自己说，“这次修订力求有质的改进”，在对照原文逐字逐句修改的过程中，译者“对叶芝的诗作又有了更深入的理解”。译者改正了旧译中的一些理解错误，删减了可有可无的冗词赘语，使整部诗集的语言更加精炼，更加接近原文的诗歌语言。《诗选》中的诗歌原文，是译者经过反复比较、校勘国外各家权威叶芝诗歌选集而最终确定的，是目前我国乃至国际上最权威的叶芝诗歌版本之一。

尤其值得一提的是本书的另外两个亮点：其一是正文之前的译者序，其二是全书的注释。“译者序”长达七千余字，本身就是一篇优秀的学术论文：先简单介绍了叶芝的生平以及诗人的文学创作生涯，然后阐述了叶芝诗歌的文学价值，最后回顾了译者从事叶芝诗歌翻译的历程。而全书的注释，则是译者对叶芝诗歌的一次详细考订和解读。译者在注释中，不仅交代了每一首诗歌的发表年代，还对创作的背景做了钩沉，既有对文化信息的解释，也有对诗人文学观念的简短解读。因此，凸显作者学术功力和文学鉴赏力的译者序和注释，无疑是解读叶芝诗歌的钥匙，能让读者诸君在品味诗歌之余，更深入地理解、印证诗人的诗心。愿《叶芝诗选》能带您走进英语诗歌、英语文学的殿堂！

[荐书编辑]

蒋浚浚

上海外语教育出版社

[编辑代表作]

《叶芝诗选》《1913：现代主义的摇篮》《中国翻译家研究》（当代卷）

[自我介绍]

疏食饮水，子安知我不乐？荷锄而读，吾正欲济乎沧。这是我自撰的一副对联，用来勉励自己。读书是我从小到大一直没有丢弃的兴趣，大学毕业时，同学问我有什么愿望，我说最好能当一辈子的读书人。看似荒诞不经的想法，却在数年后得以实现。这件事给我很大启发：切莫刻意苦苦追寻，但种因，勿问果，待到蓦然回首时，灯火阑珊处即是天涯。

「推荐图书」

《英国散文名篇欣赏》(第二版)

杨自伍　编著·点评

上海外语教育出版社

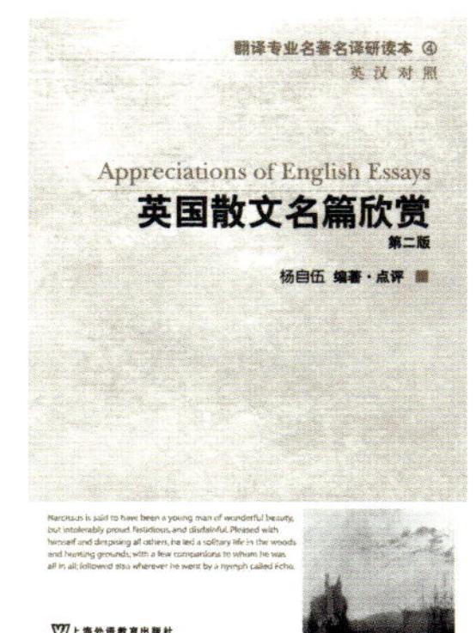

上海外语教育出版社
微信公众号

「推荐语」

英语文学爱好者的桌头必备书

冬日的午后，斜倚在飘窗上，泡上一壶茶，打开一本和阳光一样温暖又浪漫的书。如果你喜欢兰姆，喜欢柔情似水，神游八极，你该打开它；如果你钟情于哈兹里特，喜欢气势磅礴，喜欢“诗如画”，你该打开它；如果你独爱培根，喜欢翩翩美少年那喀索斯，你该打开它；如果你喜欢意识流，喜欢劳伦斯和伍尔夫，你更不能错过它。由著名翻译家杨自伍编著的《英国散文名篇欣赏》(第二版)就是午后的一道“浪漫甜点”。

英国素以散文著称，弗朗西斯·培根、约瑟夫·艾迪生、塞缪尔·约翰逊、奥斯卡·王尔德、乔治·奥威尔等个个如雷贯耳。本书选编英国文学史上四个多世纪中四十位散文大家的四十篇文章，在内容和题材上采取精选和博采相结合的办法。如果说培根的《那喀索斯——论自恋》、艾迪生的《威斯敏斯特教堂里的遐想》、王尔德的《美国印象》是大家耳熟能详的名篇，那么当代作家阿尔瓦雷斯的《诗人之死》、康诺利的《蚁狮》等作品则令人耳目一新。以《诗人之死》为例，阿尔瓦雷斯与普拉斯相知有素，节录的文字寄托了作者对这位才华横溢而不幸早逝诗人的无尽哀思，语言精练而细腻，毫无迂阔的书生气，读毕令人久久不能平静。

南朝梁沈约提出“文章当从三易”，指的是易见事、易识字、易读诵。这“三易”正是本书的选篇标准。但要读懂英国散文确实不易，第一道壁垒就是语言，遑论大家笔下用典浩繁，信手拈来的一句诗，解密起来就颇费周折。这样的散文非大家而不能译也。《英国散文名篇欣赏》(第二版)汇聚了国内知名的翻译家，有李赋宁先生、杨岂深先生、陆谷孙教授、汪义群教授、郑大民教授、虞建华教授、黄源深教授、吴简清教授、程雨民教授、谈瀛洲教授等各位英语界的名家学者以及编者杨自伍先生。有了这些翻译名家的“保驾护航”，原著的精妙神理方能被最大限度地移译为汉语。为了见树又见林，每篇散文的译者从文学鉴赏的角度为原文的用典、引用诗文等作了注释；杨自伍先生为每篇选文撰写了作家简介、赏析文字、译问以及译文的评点，既能拓深理解又能锤炼翻译技艺，可谓用心良苦。

陆谷孙教授在该书的前言中写道：编一本英汉对照的散文集子，把“照妖镜”交给读者，由他们去鉴定，方是真功夫。这本书自 1997 年第一版问世以来，广受好评，成为很多英语爱好者和文学爱好者的案头必备书，业已证明了该书选编的独到和译文的水准。第二版的推出，增添了“译文点评”和“译问”，更可谓锦上添花。

「荐书编辑」

张传根

上海外语教育出版社

[编辑代表作]

《新世纪大学英语系列教材综合教程》(第二版)《英国散文名篇欣赏》(第二版)《新编英语语法教程》《赫兹列散文精选》

[自我介绍]

在外教社工作已 8 年有余，从刚入行时的忐忑到现在的“淡定”，感慨良多。在娱乐、消费至上的今天，做一名编辑不仅需要坐得住冷板凳的定力还需要一份对书的敬畏之心。落笔成书是一个神圣的过程，容不得半点马虎和懈怠。审稿的时候“知之为知之，不知为不知”，一个标点、一个单词、一句话不留任何死角，这需要一颗平静而警觉的心。文化需要沉淀，思想需要磨砺，文字需要推敲。在“形色匆匆”的大上海，有一群人静静地坐在那里，如精灵一般，守护着人类最值得敬畏的宝藏——书，还有比这更有意义的事吗？

「推荐图书」

《在日本》

毛丹青 著

华东理工大学出版社

「推荐语」

读到不一样的日本

《在日本》是用两种语言写作的旅日华人作家毛丹青散文集。毛丹青，旅日华人作家，神户国际大学教授。北京大学毕业后进入中国社会科学院哲学研究所，1987 年移居日本。中日文著书多部，从 1998 年开始双语写作，曾获日本第 28 届篮海文学奖。其日语作品被多次用于立命馆大学、北海道大学等多所著名大学的高考试题。正是他不断地将莫言的作品介绍到日本，又策划组织了轰动一时的“大江健三郎・莫言对话”，这是被他称作“为中日交流开辟政治与经济之外的第三条道路”。尽管旅居日本，但毛丹青一直保持着与国内文化圈密切的呼吸关系，母语文化始终给予他写作的给养。

华东理工大学出版社
微信公众号

《在日本》精选了毛丹青近 30 年旅日生活的精彩散文，讲述了许多很有日本味儿的人和事，特别收录毛丹青与莫言同游日本见闻，并由莫言倾情作序。去过日本的人不少，但是我相信，每个人读这本书都会给你带来不一样的感受。留日多年归来的你，也许仍能从书中读到你未曾察觉到的日本的另一面；只是去日本旅游过短短几天的你，也许也能从书中读到一丝熟悉、产生一丝共鸣。

同期出版的《限量版毛丹青手绘插画笔记本》选取了毛丹青为日本学生涂鸦的课堂讲义、手书的日本小趣闻、手绘漫画等，读来别有趣味。

《在日本》超值附赠日文版别册。这些日文作品曾多次在日本出版并重印，多次用于日本大学高考题。另外，本书日文版序言特邀莫言作品日文版译者吉田富夫教授翻译。书中另收录毛丹青在 TED 重庆的演讲稿，由曾为余华、郭敬明、安妮宝贝等人日文版作品翻译的泉京鹿女士献译。

［荐书编辑］

王一佼

华东理工大学出版社

［编辑代表作］

《起风了》《在日本》

［自我介绍］

我想做一架子书。想做一本一时引起话题的书，也想做一本比我的生命更长的书；想做一本能引起共鸣的书，也想做一本能引发争议的书。愿我是对这个社会有益的人。

艺术

「推荐图书」

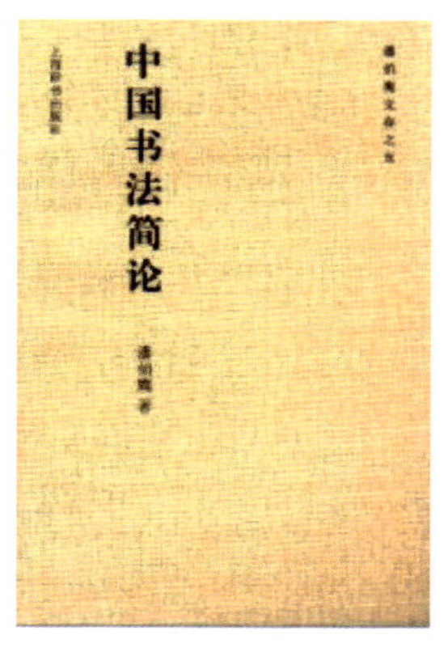

《中国书法简论》（插图本）

潘伯鹰 著

上海辞书出版社

「推荐语」

中国书法经典读本

潘伯鹰先生的《中国书法简论》，自 1962 年初版以来，也已经流传五十多年了。这五十多年中，这本薄薄的小册子既得到众多专业人士的襄助和推崇，也在不少书法初学者圈子里口口相传，从中受益的不知凡几。

上海辞书出版社
微信公众号

出于对潘先生逝世 50 周年的纪念，我们决定重版《中国书法简论》，但究竟要做成什么样子，却颇费了一番踌躇。多方人员几经商议，最后决定将《中国书法简论》配以书法插图，让读者在阅读本书的同时，也能按照书中所指导去观摩、欣赏和体会名家书帖。

原则虽然不难，但做起来也不简单。单单是插图，既要兼顾历代各家风格，又要重点选取颇见书家功力的局部字样放大，但又不能太鲜艳，太抢眼，以免喧宾夺主。经过一番精心排版、配图、选纸、调色，最终出版了这样一本极美的《中国书法简论》（插图本），一拿到样书，便觉得爱不释手，再无遗憾了。

潘先生的气质风度是极美的，书前插页有先生坐照和工作照两帧，温文尔雅，欢喜从容，微微含笑，略一对视，有春风拂面之感，令人倾慕不已。这种儒雅气质也贯穿在书中，主要表现在：一是平白如话，娓娓道来。“文字力求简明，因此将一切引经据典的反复考证的理论都避免了”（《引论》），毫无晦涩之感，讲碑帖特色、书法历史之时，往往加入若干历史掌故，更是趣味横生；二是善作譬喻，通俗易懂。如以架桥喻悬臂，以建房喻结字，以拳法之理喻肌肉练习的必要，往往引人会心一笑而又有所得；三是语句精美，韵律波动。如讲书法欣赏，潘先生说：“从结字的一角度，结合到用笔的一角度，对每一笔画的衔接，每一字乃至每一行的衔接都能看出照顾映带，左右相生，前后相让的形态，而感觉其中有一种节奏的情

趣，如同军队步伍，音乐节拍的动目悦耳。”（《从结字和用笔入门》）

潘先生在传统文史、书法、篆刻方面的造诣，自不待我辈饶舌，但先生认为书法是极美的，便将其中美处都写了出来，分享给大家。于是我们倒有意仿效，将先生极美的文字，配上极美的碑帖局部图，做成极美的一册书，分享给大家，算作对先生最好的纪念！

[荐书编辑]

汪惠民

上海辞书出版社

[编辑代表作]

《集韵校本》《大辞海 · 语词卷》《中国书法简论》（插图本）

[自我介绍]

2010 年毕业于上海师范大学古籍所，随即进入上海辞书出版社工作至今，专注于语词工具书的编纂与出版，渐得字典词典的门径与乐趣。相信工作中的繁琐和日常是自我对世界的责任，就如同生活中作为奶爸的我得操心小家庭的种种。

「推荐图书」

《素描的诀窍（15 周年畅销版）》

[美] 伯特 · 多德森 著　　蔡 强 译

上海人民美术出版社

上海人民美术出版社
微信公众号

「推荐语」

用你的双眼和笔尖，还原你的所见

一本好书是带着香气的，能让人无比安心。相信能翻开这本书的人，都了解《西方经典美术技法译丛》这一系列的经典之处。《素描的诀窍（15 周年畅销版）》这本书没有一丝教科书式的学术性名词，反而通篇洋溢着大师对绘画的喜爱。他一直在用轻松的语气和我们交流，虽然无法亲临大师的课堂，但这样书面的阅读也相差无几。

素描是一件简单的事情，就像听到音乐会摇摆身体，对于喜欢画的人来说，它就是一种本能。他在开篇之初就一直提醒我们：把眼光收回来，放在绘画本身上，留心那些被忽略了的事情。

我们不可能一下子掌握所有的知识。我们所能做的就是，集中思想在作画对象上，并且相信自己的眼睛。

这个理念是贯穿全书的一根线。而那些看似“诀窍”的东西，其实都是最基本不过的细节，只要保持一颗平和心，它们就自然地从笔尖流出。

这本书没有很多的条条框框，只是点出了绘画中需要特别注意的几个地方。自

主权完全由我们自己掌握。书中还会适时的引用其他名画家的语录、画作，让我们明白大师是怎么利用这个诀窍的，或者对比我们与大师的理解是否一致。

绘画的过程是艰辛的，难免经历困难和挫折。也许我们没有极高的天分，但我相信“大多数人还会像贝多芬一样，做一个奋斗者，从大量的折成团的画纸中产生出最好的作品”。

好的书值得我们反复阅读，经典之作值得我们推荐给他人。告诉你笔是什么远不如教会你怎样拿起笔画下第一条线重要。何不试着放下工作的压力，抛开烦恼，拿起笔，去绘画吧！

［荐书编辑］

丁　雯

上海人民美术出版社

［编辑代表作］

《素描的诀窍（15 周年畅销版）》《平面设计中的网格系统》《姑苏繁华录：苏州桃花坞木版年画特展作品集》《设计新经典：设计几何学》《路米斯经典美术课》（套装四册）

［自我介绍］

80 后，上海人，周游世界是最大的理想。

［推荐图书］

《上海字记》

姜庆共　著

上海人民美术出版社

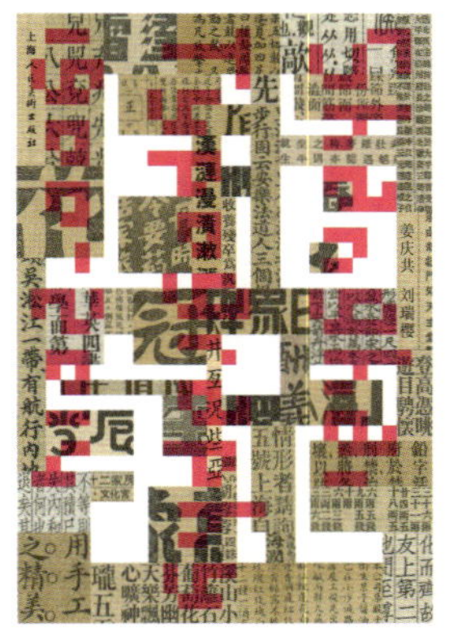

上海人民美术出版社
微信公众号

［推荐语］

是“字”书，也是“图”书

记得 2014 年的这个时候，我和老姜（《上海字记》作者姜庆共）、周琪（姜老师的弟子）每周都结伴去嘉定雅昌。终于在大家的期盼中，《上海字记》瓜熟蒂落，当拿到刚刚新鲜出炉，还冒着热气的样书时，激动的场景还历历在目……

回想这本书的点点滴滴，其实一开始也就是在聊天。在一次装帧艺术委员会的会议中，无意中又碰到了一直崇拜着的老姜，谈到了 10 多年前我们在《大美术》杂志的初次见面……从那次交流中，悉知他已经从平面设计转型到独立策划图书，10 多年来一直在收集和整理关于字体的印刷品，同时也感受到他对上海视觉文化有着一种强烈的担当，想将字体的变迁出一本著作。

姜老师为人十分谦和、低调，我们几乎每周都有电话沟通或是见面交流，他也经常鼓励我们年轻编辑。而他的那种不记回报、潜心钻研的工作态度更是让我敬佩不已。经过多次的打磨，终于结出了硕果。

这本书是姜老师对字体设计的一种体验，展现了从 20 世纪民国时期到现在的新闻载体和商业设计中的印刷字体、印刷文字……作者的目的不仅是欣赏文字本身，也展现了二十世纪文字作为一种载体，随着时代的变化呈现出的不同特色。深深感受到这本书稿从一个侧面反映了中国经济、文化等等的轨迹、变迁和发展特征。

喜欢走街串巷的老姜对周围与字体有关的元素极其敏感，黑板报、街头标语、广告招牌、手写菜单。除了收集书面材料，本书还采访了 12 位从事文字相关行业、常与文字打交道的专业人士，这其中有包装设计师、美术编辑、刻字工、书籍设计师、作家、插画师等等。我也有幸一起参加了部分采访的工作，听着那些个艺术字被一笔一笔创作出来的全过程、这些字体创作者的创作理念以及发生在他们和文字之间的点滴故事，无比感慨。

为了在最后的编辑加工方面，力求保证图书的整体效益，我也作多方面的考虑，无论从开本规格、内容选定、装帧形式、用纸印制等，都做了相当大的努力。一切为追求图书的品质出发，为读者出发。

是“字”书，也是“图”书；是阿拉的，也是大家的。真心希望“阿拉”这本《上海字记》为你所喜欢。

「荐书编辑」

张　璎

上海人民美术出版社

[编辑代表作]

《上海字记》《最美的书——国际设计师作品集》《2010—2012中国最美的书》（创意版）

[自我介绍]

1977年10月出生。毕业于上海师范大学美术系艺术设计专业。现任上海人民美术出版社摄影编辑室编辑，上海市出版工作者协会装帧艺术委员会委员。“有一份喜欢的工作，并认真着。”所编辑的图书多次获得“中国最美的书”及“世界最美的书”、上海图书一等奖、上海书籍艺术奖、全国“金牛杯”优秀美术图书等。所设计的作品也多次获得“全国书籍装帧艺术展览及评奖”优秀作品、华东书籍设计双年展整体设计、上海书籍设计艺术展优秀作品等。

「推荐图书」

《恋上书：一本书是如何做出来的？》

[日]松田哲夫　著　[日]内泽旬子　绘　林韶安　译

上海人民美术出版社

上海人民美术出版社
微信公众号

「推荐语」

恋上那些和“书”有关的书

某天下午我看了《编舟记》，马缔与他的同事们用长达15年的时间在浩瀚的词语海洋中，编制了一艘驶向彼岸的小船。他们那份甘于寂寞的执着，深深地吸引了我。从事编辑工作10年，我很希望自己也能做一本和“书”有关的书，希望可以通过书本和读者架起一座美好的桥梁。

这本书上的广告语是这样写的：“看着书架上一本本的书籍，你知道书是怎样做出来的吗？”怀着一份敬意，还有些许惭愧，我开始了《恋上书》的编辑工作。我花了一年多的时间来编辑、制作这本书，里面许多和书有关的知识点却让我感到陌生，我一再惊叹自己虽然和书打了那么多年交道，但对书籍的个中奥秘知之甚少。因此，对于书中提到的各个环节，我都力争去核实和考证，努力让每一个专业名词正确无误，现在回想起来，虽然过程艰难，却也使我收获了弥足珍贵的幸福！

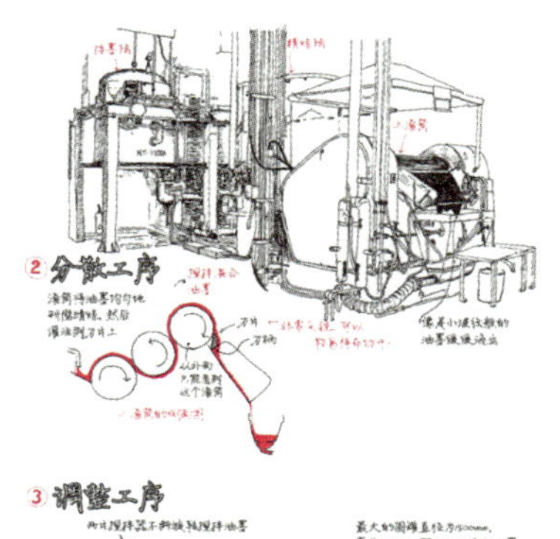

我想每一个做书、读书、爱书之人都应该读一读这本书，跟着日本知名编辑大师松田哲夫和手绘插画家内泽旬子去造访一下日本当地巨大的抄纸制造工厂，去欣赏书里细密、简单、易懂的画风，聆听平实、质朴的对话，身临其境地游历这鲜艳夺目的墨香世界。

松田哲夫和内泽旬子是爱书的，正因为爱，他们更渴望了解与书相关的一切，他们亲自动手拆开了一本充满情感记忆的书，并由衷地赞叹书籍装帧、印刷工艺的精工细作。“编辑眼中的书籍设计是怎样的呢？”松田哲夫以其长期的工作实践经验和他多年来与书籍设计师打交道的体会，鼓励大家要完全不带半点疑惑、果断地本着读完文稿后的第一印象去做书，他告诉我们这反而会收获不俗的销售业绩。这不正是现在出版工作者需要的专业态度吗？

读完《恋上书》，就仿佛完成了一趟“书籍世界”的美妙之旅啊！

「荐书编辑」

徐　捷

上海人民美术出版社

[编辑代表作]

《恋上书：一本书是如何做出来的？》《装订到场：28 位设计师的〈我是猫〉》《30 天学会绘画》

[自我介绍]

2004 年毕业于上海大学美术学院，同年进入上海人民美术出版社担任编辑。现任社国际部主任，及社团支部书记。喜爱画画，热爱编书，工作富有激情，为人诚恳热情。策划、编辑、翻译了大量图书，所编图书取得了很好的销售成绩，并屡屡获奖。担任责任编辑的《恋上书》获得“2015 年上海书展世纪出版集团 20 种好书”称号。

「推荐图书」

《凡·高的秘密》

[荷]莉丝贝瑟·欣克 著　何积惠 译

上海书画出版社

上海书画出版社
微信公众号

「推荐语」

这一本读懂凡·高

为什么要推荐这本书呢？这本书与其他的“凡·高们”又有什么不同之处呢？

首先是内容好看。本书的作者是荷兰研究凡·高的专家，她通过对于凡·高的书信和大量油画、素描、速写作品的研究提炼，聚焦了凡·高人生中的三个不同侧面：他的内心抗争、他与女性的关系以及他的财务情况。英文版多次荣登美国亚马逊 Kindle 畅销书榜单。书里满满都是些干货：凡·高割下左耳后，把它给了高更常去妓院里的一名妓女，还写了一张便条，上面写着“记住我”；据研究，凡·高可能不是我们所认为自尽的，而是被一名巴黎少年用子弹击中而死的；我们都认为凡·高是精神失常，但在他逝世后，有一百五十余位医生试着对他的疾病做出诊断，确认其所患的是颞叶癫痫，这种癫痫不是我们所熟知的以四肢颤抖地摔倒为症状的普通癫痫，而是表现为严重的、突如其来的大脑功能障碍，被称为“假面性”癫痫，这可能是家族遗传性疾病，这也解释了为什么其家族会有多人都患有精神方面的疾病……所以不管你对凡·高的了解程度有多少，这本书还是会让你看到许多你所不知道的凡·高。

其次是画面好看。虽然凡·高的作品本身已经是很美了，但是这本书的设计不仅让你看

到那些有名的作品，还有那些你可能未曾看过的素描和速写作品。因为凡·高常常会在他的信里附上速写，而且会把他理想中要用到的颜色标明在上面，信中也会仔细提到他所创作作品的构思和想法，所以在他的画作旁边，我们还会放上一段出自其信件的文字，让读者更加明白艺术家当时的创作思路，这样的精心布局也使整本书看上去更加的丰满。

这本书在今年的上海书展上亮相，在没有任何活动的情况下，竟然也售出了近百本，着实出乎我的意料。有一位读者虽然身患腿疾，却冒着大雨赶到书店一口气买了五本，真心让我感动。我衷心希望更多爱艺术、爱凡·高的读者也能够爱上这本书。

［荐书编辑］

眭菁菁

上海书画出版社

［编辑代表作］

《正仓院考古记》《凡·高的秘密》《中国艺术品经眼录——埃斯卡纳齐的回忆》

［自我介绍］

虽然同道大叔貌似没有做过相关统计，但如果要说哪些星座最适合做编辑，我个人认为踏实肯干、认真负责、具有一定审美力的金牛座应该能够榜上有名。本人作为一枚典型的金牛座妹子，最大的特点就是认准一条路，就要一直走下去，这从本人的学习和工作经历就能看出：本科学的是文博专业；出国留学学的是艺术史，还是中国艺术史；回国工作也总是出不了这个艺术的小圈圈，先是拍卖行，后是出版社，虽说有些中规中矩，但也乐在其中，愿意在这条道路上一直耕耘下去。

「推荐图书」

《吴湖帆书画鉴藏特集》

上海博物馆　编

上海书画出版社

上海书画出版社
微信公众号

「推荐语」

艺术的图书，图书的艺术

艺术图书已从小众书变为大众书，《吴湖帆书画鉴藏特集》作为一本艺术书，它的特殊性在于：

首先它是一本画集，但与市面上所见画集不同的是，大多画集是以画家或时代为主题，《吴湖帆书画鉴藏特集》却因其特殊性涵盖了上至隋唐，下至民国的大小名家书画作品 97 件，一本书便可见书画史的概貌。

另外，这本以图像为载体的画集实则承载了当下热门——“收藏”的一段历史。中国书画收藏是有传统的，在没有博物馆的古代，书画基本靠公家收藏及私人传递保存至今，书画中的题跋、印章不但勾连出了作品在历史洪流中的命运，也反映出时代性。因此，收藏史的有趣之处就在于，它既是美术史的一部分，也是社会史的一部分。吴湖帆便是收藏史中非常重要的人物。他活跃在上海开埠后，当时的上海如今日，收藏为一大热门，除了文人好收藏，大资本家也倾尽财力购买书画。因此，在吴湖帆周围就形成了一个收藏圈，张大千、叶恭绰、沈尹默、冯超然都在梅景书屋藏画后写下题跋。但吴湖帆并没有张葱玉等人财力雄厚，当他遇到了心爱之物，甚至要当掉夫人的裘皮大衣才能购买。但经他过眼的书画大多一丝不苟的用小楷题上长跋，叙述此件来历以及自己的评价。因此，存世绘画中经他题跋的书画很多，对当今的书画鉴定影响巨大。

最后，推荐这本书，还因它是上海博物馆年末大展“吴湖帆书画鉴藏特展”的配套图册，除了图版，还邀请了上海博物馆的专家对题跋、印章一一释读，妈妈再也不用担心看展时读不懂题跋啦！

我一直觉得，艺术图书应有一个更高的标准，内容艺术，装帧设计也要艺术。《吴湖帆书画鉴藏特集》就努力往图书的艺术上靠拢。它采用纸质函套加布面函套

的双函套设计，外函套为纸质，其上以中国书画特有的裱绫纹样作为装饰，并加了暗纹工艺，增加了裱绫的真实感。书名置于中心位置，如书画立轴之画心，书名之上以吴湖帆最常见的朱白文鉴藏印“吴湖帆”压阵，用烫金的处理点明了“吴湖帆”、“鉴藏”这两个关键词。整个外包装既古典大方，又主题清晰。内函套用古籍常用的蓝布包裹，上下开封，中间钤“吴湖帆”朱白文印，更衬托出古典气质。整套书分上下两册，书的封面与外函套风格、内容一致，以裱绫为底，加暗纹。内文版式简洁、大方、易于欣赏。总之，整个书籍装帧的宗旨是，不等开卷即成美。

[荐书编辑]

黄坤峰

上海书画出版社

[编辑代表作]

《吴湖帆书画鉴藏特集》《盛清的世界——康雍乾宫廷艺术大展》

[自我介绍]

八〇后的小尾巴，典型水瓶座，理性又天马行空。毕业于中国美术学院，本科学习美术史，硕士攻读中国古代书画鉴定。在杭州度过了人生最美好的七年，现在带着所谓的“情怀”在魔都奋斗着。

「推荐图书」

《艺海扬帆》

孙敏　编著

上海书画出版社

上海书画出版社
微信公众号

「推荐语」

乘着梦想，扬帆远航

孙敏先生的从艺文章《艺海扬帆》结集完稿后，我作为从事编辑工作没多久的晚辈，有幸成为第一个读者，并将它修订润色引介给广大读者，深感荣幸。在跨界看似成为时尚的当代，我对林林总总的社会名流涉足艺术其实总抱有一定的怀疑，因为看似轻松的艺术实践，实则包含着持久的磨炼，看似挥笔而就的作品终归需要经历同好的检验与时间的淘洗，传统的艺术形式更是如此。作为古代文人视如心画、奉之至宝的书法艺术，更是抽象的，个人的，且足以使浸淫其中的个体用生命的长度来体验与参悟的独特的艺术形式。继往圣“绝学”尚且不易，怎能在如今轻言“跨界”？

不过，当我翻开孙敏先生的艺术心得，并在编辑的过程中了解先生的故事，让我不禁感叹孙敏先生的跨界之不易，跨界成果之精彩。诚然，每个人都要写字，每个人都会写字，但在科技发展的今天，文字的交流已经不必再用笔墨纸砚来完成。书法这门关于汉字的艺术，已经在我们这一代人的教育体系中成为单独的学科来由专人研究与实践了，对艺术的美的理解也便增加了隔膜。但这并不代表书法是锁在学术门阀里的“宝笈”“秘籍”，也不是玄之又玄，毫无标准的形上哲学。书法的抽象性需要人生感悟，只要阅读与笔耕不倦不怠，来自各行各业的普通人都可以进入艺术的殿堂，参与艺术的发展，并将个人的创作融入书法艺术发展的洪流。这也是书法的魅力所在，开放所在。

在阅读《艺海扬帆》的过程中，我想象着孙敏先生从年轻的音乐教师，努力求学并成为出色的海员，进而在航运事业上不断远行，并成为上海这座城市成为国际航运中心的建言者。在这几十年事业的拼搏中，笔、墨、纸、砚以及书卷一直伴随他左右，他也将自己的感受与思考累言结集成诸多书法实践的图书与文集。在其创作成果得到同好一致认可的情况下，依旧以敬畏之心谨慎临古、习古，将自己与书法的因缘记录于上海，这个在当代书法发展历程中具有重要地位的城市里。这样一位习书的前辈给予我们的不仅是他个人的心路提炼，也是对后辈，特别是上海本土后学的殷切提点。

无冥冥之志者无昭昭之明；无昏昏之事者无赫赫之功。孙敏先生的实践让我看到实践荀子这句箴言的范例。可以想见他的书画人生还将更加丰富多彩，也期待他为我们奉献更多的佳作。

［荐书编辑］

赖　妮

上海书画出版社

［编辑代表作］

《翁氏藏书与翁氏文献》《纨素风宗——任重扇面作品选》《艺海扬帆》

［自我介绍］

从进入大学修读文物与博物馆学这个专业开始，我就对艺术的历史始终抱有疑惑，好在自己的阅读热情不减，也有幸能够在毕业后获得继续从事专业的岗位，为同样对艺术好奇、喜爱、痴迷、批判的广大师友提供服务。在繁忙的艺术出版事务中得到充实，是我来到上海后所历种种尝试，最终得到的宝贵的生活状态，我珍视自己的选择与机遇，也感谢环境带来的给养。因为不经意间的一个疑感消解，会让我对艺术以及艺术以外的生活，有更多广阔而美好的领悟。

「推荐图书」

《波兰美术通史》

[波] 耶日・马利诺夫斯基　编订　　茅银辉　译

上海三联书店

上海三联书店
微信公众号

「推荐语」

国内第一本波兰艺术史

在中国出版《波兰美术通史》的想法最初是由波兰亚当・密茨凯维奇学院提出的。该学院是由政府拨款的、专门向世界推广波兰文化、负责文化上的国际合作的机构。该书是专门面向中国读者的出版物，其出发点是为在中国学习艺术史的大学生们提供一本教材类型的读物，同时也能满足对波兰艺术感兴趣的普通中国读者。而目前波兰现有的艺术史书籍要么不够全面，要么不够概括，而且不符合中国读者对历史类图书的阅读习惯。因此，该机构特别委托耶日・马利诺夫斯基（Jerzy Malinowski）教授专门为该出版物组织内容（包括插图）。马利诺夫斯基教授是波兰艺术史界的权威学者，是波兰世界艺术研究学院的创始人和院长，也是托伦市的哥白尼大学现代艺术史研究所的负责人。波兰世界艺术研究学院至今出版了不少关于世界各地艺术的出版物，在艺术史出版领域拥有丰富的经验。这是在中国出版的第一本介绍波兰艺术史的专著，波兰亚当・密茨凯维奇学院希望将它打造成一部经典之作。

《波兰美术通史》涵盖了从史前到二十世纪末的波兰艺术发展历程，全书由前言和十三章内容组成，原文共计十一万多波兰语字词，及精美插图六百余幅。本书的内容完全照顾了中国读者的思维习惯：按照历史朝代和时期分类排序（波兰史前艺术、波兰各个王朝及之后的其他各个历史时期），而不以西方人所习惯的时间段分期

（例如：中世纪、文艺复兴时期、浪漫主义时期等等）。马利诺夫斯基教授按照上述历史分期，寻找波兰对该时期最有研究和成就的专家，向他们组稿，最终形成了该书的原文版。每章内容不只介绍该时期经典的美术（绘画、雕塑），还涉及建筑、手工业等艺术领域，可谓是专门为中国读者打造的一份波兰艺术盛宴。

这是一本教科书，本书可以作为国内艺术类院校学生、学习波兰语言文化的高校学生以及对波兰艺术感兴趣的艺术界人士的教材和参考读物。

这是一本鉴赏宝典，本书的出版对波兰艺术品收藏者不啻为福音书，将会大大提高他们的辨别和鉴赏能力。

这是一本导游手册，书中在波兰各地各个时期、各个风格的建筑艺术花了大量的笔墨，对各大博物馆收藏的历代国宝级艺术品也介绍甚详，拿着这样一部导游手册来按图索骥，能够大大增长见闻，提高旅游乐趣。

《波兰美术通史》可以说是一部由国外专家和中国译者共同创作的著作，它是一部从未在国外出版的著作，它的诞生是应国内学术界和广大读者的强烈需求，它诞生的目的是为了填补国内的空白，最大限度地回报国内读者。

［荐书编辑］

郑秀艳

上海三联书店

［编辑代表作］

《波兰美术通史》《监狱读书俱乐部》《红色警报》

［自我介绍］

爱文字、爱旅游、爱美食的年轻小编一枚，见风就神经。总有人去着你向往的远方，过着你想要的人生。不断告诫自己，要不忘初心，努力成为一名学者型编辑。

「推荐图书」

《芭蕾圣经》

[美] 乔治·巴兰钦　弗朗西斯·梅森　著
管可秾　译
上海三联书店

上海三联书店
微信公众号

「推荐语」

足尖上的万神殿

《芭蕾圣经》的两位作者，一位是世所公认的 20 世纪最伟大的芭蕾舞编导乔治·巴兰钦，另一位是曾任文化参赞的著名美国作家弗朗西斯·梅森。两人精心挑选了 101 部世界著名的或极具代表性的芭蕾舞，对其故事情节、创作背景、主创人员、演出团体、媒体反响等等进行了或简或繁的介绍。本书力图保持古典与现代间的平衡，既介绍《天鹅湖》等古典或经典剧目，也介绍《尼金斯基——上帝的小丑》等现代或前卫剧目。本书涉及的人物林林总总，既有先驱者的如雷贯耳的名字，也有大批后起之秀，所有这些剧目和人物，构成了一座令人景仰但也令人低回的足尖上的万神殿。无论是资深芭蕾拥趸，还是初探芭蕾之美的新舞迷，都将感到开卷有益。管可秾女士是著名译者，曾译过《现代世界的诞生》《日本镜中行》《霍布斯与共和主义自由》等。翻译文字准确优美，她的译作堪称教科书级别。

乔治·巴兰钦语录：

上帝造物，我不造物。我只是组装，我只是四处拾取——从我之所见拾取，从舞者之所能拾取，从他人之所做拾取。

有人说，舞者干活像警察一样卖力，永远警醒，永远紧张。我不同意，因为警察只须负责卖力，而无须同时负责美丽。

「荐书编辑」

杜　鹃

上海三联书店

[编辑代表作]

《芭蕾圣经》《日本镜中行》《莫扎特和他的歌剧》《古希腊政治、社会和文化史》

[自我介绍]

过去的编辑常自谦为编书匠。随着工匠精神的流行，做一名具有工匠精神的编书匠其实很不简单。要敬畏文字，要继承和创新，要甘于平凡默默在幕后帮作者完善书稿。我愿意做这样的编书匠，不忘初心，不忘最初入行时的编辑理想，发扬工匠精神，干良心活儿，不断推出更多更好的精品力作。

［推荐图书］

《朱践耳创作回忆录》

朱践耳　著

上海音乐出版社

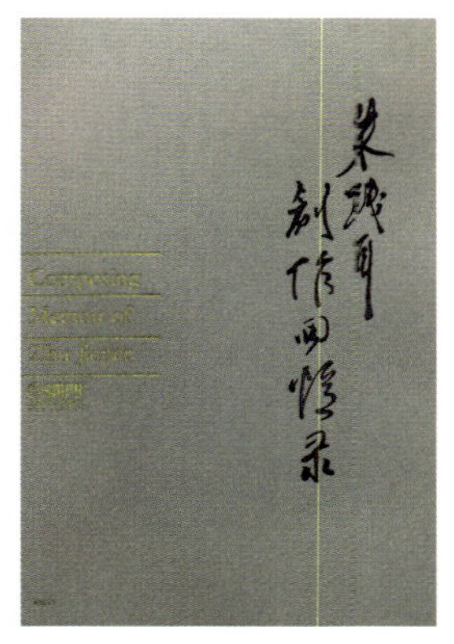

上海音乐出版社
微信公众号

［推荐语］

音乐是个难解的谜吗？

今天，小编就向大家隆重推荐2015年由上海音乐出版社重磅推出的《朱践耳创作回忆录》。

在编辑此书时，我与先生促膝长谈，先生的远见卓识令人敬佩。闲暇之余，偶有疑问产生我便请教先生，先生大笑，说许多人也有此疑问，并为我解答了他音乐创作中的诸多谜团。

谜团一：朱践耳名字的由来

你可知道，在幼年时，父母给朱先生起名并非“践耳”，而名“荣实”与字“朴臣”。那么，他为何要改名呢？

小编解疑：青年时期的朱先生深感自己的名字封建味太重，于是决定改名。因敬佩聂耳的远见与志向，便改名为“践耳”。其中的“践”字含义有两层，一是决心步聂耳之后尘，走革命音乐之路；二是想实现聂耳未能完成的心愿——赴苏联留学，学会交响乐创作。

谜团二：缘何情系“交响梦”

朱先生的十一部交响曲均为晚年所创作，大家一定很好奇，这位作曲家为何直至花甲之年才开始创作交响曲呢？

小编解疑：朱先生的“交响梦”是以其“音乐梦”为前提实现的。1937年，表姐家搬来的钢琴助其实现了“音乐梦”；1942年，卧病在床时，整天沉浸于收音机中的交响乐，这时，“音乐梦”才升格为“交响梦”。之后的三十多年，朱践耳经历了参加革命、留苏学习，但其“交响梦”始终未能实现。直至二十世纪八十年代，当他对人性、对人生、对世界、对历史有了深入的剖析，有了真切的感悟时，才决定在鲜活而踏实的“现代派”“先锋派”层面上圆了自己的“交响梦”。

这本历时五年的精心准备和打磨著作，极具史料性、研究性价值，反映了中国当代知识分子对社会和人生的探索及思考。

回想起来，朱先生为此倾注了大量心血，每次与小编谈论书稿时，他总是逐字逐句、反反复复地斟酌，细至一个标点符号、一个音乐术语。他的认真与执着，每每都感动着小编，使我看到了老一辈艺术家对音乐、对艺术的尊重。

赶快行动起来，把这本《朱践耳创作回忆录》带回家，和小编一起边听音乐，边感受这阅读的快感吧！

[荐书编辑]

唐 吟

上海音乐出版社

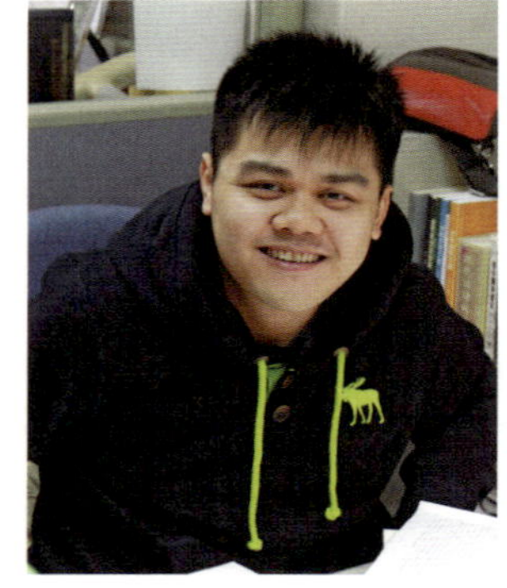

[编辑代表作]

《尚长荣京剧唱腔精选》《上海老歌精选》《廖昌永演唱歌曲精选》《朱践耳创作回忆录》

[自我介绍]

爱看书、爱旅游，常看电影、听音乐会。巨蟹座暖男，更是超级奶爸一枚，也是不折不扣的吃货。热爱古典音乐，有收集各种版本乐谱的癖好，是巴赫的忠实粉丝。

［推荐图书］

《传承与创新——3D 全景声京剧电影〈霸王别姬〉评论集》

单跃进　著

上海音乐出版社

上海音乐出版社
微信公众号

［推荐语］

为京剧电影《霸王别姬》评论集打 CALL

京剧作为中国传统艺术文化的瑰宝，不仅历史源远流长，而且经典光辉璀璨。然而，在现代生活方式和电子传媒瞬息万变的影响下，这一曾经为大众带来无数想象和愉悦的艺术形式，渐渐失去了当初的“大众性”。在如今多数年轻人的艺术喜好选择中，已较难见到京剧欣赏这一选项，即便提及梅派经典名剧之一《霸王别姬》，映入诸位脑海中的似乎更多是由陈凯歌执导、张国荣等人主演的电影。事实上，它还是中国第一部 3D 全景声京剧电影的名字。

而此次想真正为之强力打 CALL 的《传承与创新——3D 全景声京剧电影〈霸王别姬〉评论集》正是收录了 68 位专家学者、媒体人、戏迷以及导演与主创人员等各界人士，对这部新京剧电影大片《霸王别姬》的观感、品鉴与专业性评论。评论人包括中国文艺评论家协会主席仲呈祥、上海电影集团董事长任仲伦、第 26 届东京国际电影节主席椎名保、演员陈佩斯、罗家英、主持人曹可凡、欧阳夏丹、陈辰等。

京剧为本　电影为用

——3D全景声京剧电影《霸王别姬》导演创作谈

项羽唱《力拔山兮气盖世》

项羽唱《八千子弟俱散尽》

书中按照长篇评论、短篇观感、导演手记、主演回顾、电影剧照以及经典唱腔六大部分，分别从戏曲艺术、美学隐喻、电影技术和现实意义等多角度，对这部 3D 全景声京剧电影展开了专业的、系统的、人文的品鉴，全方位再现了电影的精彩和国粹的魅力。为了更好地与 3D 电影相呼应，此书特意采用了立体封面设计，全彩印刷，制作精美；此外，随书所附的二维码使视觉阅读与经典唱腔在视听上互通相连、紧密衔接，让读者朋友能充分领略到京剧名家的艺术神韵和经典风采，整体而言极具历史、人文和艺术鉴赏价值。

作为此书责任编辑之一，看到这本形式精美、内容丰盈且极具“国乐雅韵”的京剧艺术评论集，在出版之后广受读者朋友们的关注和喜爱，感到十分欣慰。想必其在通过图文音像谱全方位展示京剧国粹独特魅力的同时，也将带领着中国戏曲文化领域形成一种广泛参与、深入研讨的良好氛围。

回顾自己此次继承传统、致敬经典、以文萃集的编辑过程，不禁感慨颇多，也衷心希望此本《传承与创新》评论集能与3D全景声电影《霸王别姬》一道葆有它良好、持续的社会影响力，对国粹京剧及中国传统戏曲文化的传承与发展起到积极的推动作用，并为“中国故事、中国文化、中国经典”更好地融入时代、面向世界、走进未来以富有积极价值的启迪！

［荐书编辑］

陈　盼

上海音乐出版社

［编辑代表作］

《传承与创新——3D全景声京剧电影〈霸王别姬〉评论集》《丝绸之路上的歌声》《识简谱唱儿歌》《拉二胡唱儿歌》

［自我介绍］

能宅能野，能跑能美，独立上进，开朗大方，喜欢自律、健康、有趣的人生，希望把每一天过成自己喜欢的样子。坚信探索会塑造生命形状，对很多领域也充满的兴趣，比如旅行、美食、音乐、运动亦或是其他能够带来愉悦与开心的事物，曾自由行多个国家和地区。

从小学习音乐，本硕均毕业于音乐院校。热爱现在以文萃集、以乐相聚、融合创新、播传新知的音乐编辑工作，也总是能在点滴工作中找到专注的乐趣，希望自己能成为在专业领域内靠谱而优秀，在生活中友爱又温暖，理智成熟却仍有软萌心的人。

「推荐图书」

《青铜国》

徐晓璇　著

上海科技教育出版社

上海科技教育出版社
微信公众号

「推荐语」

文物与游戏的精彩碰撞

乘着暑假的翅膀，请允许我带着你飞往一个神秘的国度——青铜国。

你没有猜错，青铜国里当然都是青铜器。哦——我看到你眼里的犹豫：青铜器，沉甸甸，黑乎乎，冷冰冰，面目狰狞……不要说是对小朋友，就算对成年人来说，也是那么遥远，那么严肃，那么高高在上——那可是几千年前的出土文物啊，怎么看得懂？

的确，当“鼎、鬲、甗、角、斝、觚、觶、觥、尊、卣、盉、方彝、罍、壶、盘、盂、簋、簠、盨、敦、豆、爵……”一大串器物昂首挺胸地向你走来时，你多半会被当场噎住：不必说它们的奇形怪状，也不必说它们猜不透的谜之用途，单单这些名称，就是“它认识你，你却不认识它”。

难道说，文物就只能孤芳自赏？大众就只能望尘莫及？非也，非也。其实，青铜器远没有那么可怕，那也是当时人们日常生活中的常见物品之一，又好看，又好玩。你不信？

这是上海科技教育出版社隆重推出的一本关于上海博物馆馆藏珍品——青铜器的知识游戏读本，同时也是一本充满互动创意的原创科普绘本。作者徐晓璇是一位小美女 + 小魔女，她用生动诙谐的文字和插图，演绎了 35 种有趣的青铜器物，设计了 27 款形式各异的文物游戏，配上 6 整版 300 余枚彩色贴纸，请你跟青铜国的居民一起，玩转这个神秘的国度。简单地说，这是一本童书，用绘本的风格，采取游戏的形式，介绍历史文化和科普的内容。

游戏环节更是形式各异，想象无限。有平面贴纸，有立体贴纸，有模型制作，有添画涂色，有识文断字。还有一个最大的亮点，就是不告诉你怎么玩，自己琢磨去吧！

怎么样，是心痒痒还是手痒痒？我就知道，不管你是学龄前儿童，还是小学生，或是孩子家长，甚至是对文物和游戏有兴趣的成年读者，都能在《青铜国》里尽情探索，乐享趣味——原来，文物离我们这么近！开启《青铜国》的门，文物再也不高冷。那么，小朋友、大朋友、老朋友，你还等什么呢？赶紧带上《青铜国》，回家细细翻翻、玩玩，或者索性在假期里直接去上海博物馆深度游吧。

［荐书编辑］

邱志华

上海科技教育出版社

［编辑代表作］

《青铜国》《陶瓷镇》

［自我介绍］

我并非弱不禁风，内心却柔如水。我不是女汉子，但工作时同样会拼命。我大大咧咧，却又心细如发。我爱笑、爱闹，也爱观察、沉默。我很好说话，愿意倾听来自各个方面的各种声音，撷取有价值的信息从善如流。我很不好说话，但凡遇到与编辑出版原则和规章制度有矛盾的情况，不管对方是刚入行的菜鸟，还是有相当知名度的宠儿，我都会据理力争，甚至毫不让步。我爱书，爱读书，爱买书，爱做书，享受把自己埋在纸堆里的时光，更迷恋双手摩挲书页的感觉。

［推荐图书］

《上海城乡规划百题集》

上海市城市规划行业协会　著

上海科学技术出版社

上海科学技术出版社
微信公众号

［推荐语］

国内第一本城乡规划科普读物

本书是我国第一本关于城乡规划的科普读物，可以让市民更好地认识规划、了解规划，更多地参与到上海城乡规划的编制和实施工作之中。本书旨在配合城市总体规划编制工作，普及规划知识、宣传公共政策、关注民生话题、介绍规划轶事，搭建一座公众与城乡规划之间的平台。

本书编撰工作自 2015 年 6 月启动，在上海市规划和国土资源管理局指导下，由上海市规划行业协会负责编著，并由上海市规划行业协会联合上海市规划学会和上海市规划院、同济规划院、复旦规划院、浦东新区规划院等单位的一线中青年规划师，对百姓生活息息相关的热点问题从专业的视角，以雅俗共赏的风格、图文并茂的形式，用“最亲民”的方式介绍城乡规划相关知识、解读当下热点话题。

科技创新助力上海走向智慧城市

信息化、全球化与城市化被称为重塑现代社会的三大力量。信息技术革命随着大数据时代到来，以物联网、云计算等新技术为支撑的某些城市，初现“智慧城市”的雏形。

大数据——挖掘信息的新视角

从多种类型的庞大数据中快速获取有价值信息的能力，就是大数据技术。大数据同时也发展出了许多新的数据处理分析手段和方法。

对比传统规划方法的有限样本数据分析，大数据分析是在近乎全样本数据基础上寻找信息的相关性，获得更加准确、直观和客观的决策依据。如基于每天手机的移动定位数据，可以分析人口在城市范围内的分布特征及活动规律。同济大学建筑与城市规划学院应用手机定位数据，对上海市工作日、休息日昼夜手机用户密度进行分析，获得了人口在就业、游憩、居住、交通等大量关联信息；长期的数据积累，可以发现一些趋势规律，从而提供规划决策服务。

云计算——分布计算的新技术

云计算是通过使计算分布在网络中的大量计算机上，从而获得无比强大且成本低廉的快速计算能力。城市规划涉及的空间地理、遥感影像、规划土地、交通环境、人口社区、供水供气、农林水利、社会经济等不同领域信息化的发展，相关数据量日益庞大，而信息的利用也逐步过渡到网络化、服务化、共享化。云计算、云存储技术的出现是解决规划信息化实现向数据集中、数据展现方向转变的最佳选择。

如上海已建立的人口数据库、法人数据库、基础地理数据库和建立在市政务网的相关云平台服务系统，已成为全市相关政府部门信息交换、共享、关联的桥梁。覆盖市区两级政府部门的规划审批系统，以及正在此基础上研究的、与相关数据中心关联的城市规划战略数据平台（SDD），必将成为城市规划的创新平台。

物联网——空间定位的新技术

物联网是指利用网络通信技术把传感器、控制器、机器、人员和物等通过新的方式联在一起，形成人与物、物与物相联，实现信息化、远程管理控制和智能化的网络，被称为继计算机、互联网之后世界信息产业发展的第三次浪潮。

城市规划通过物联网——空间定位新技术，可实时监测道路交通流量、大气环境监测实况，可动态监测农林生长状态，也可以监测土地利用、城市发展态势，能为快速发现违法建筑提供手段等。这一切动态产生的大量数据积累，经过大数据的技术处理和信息挖掘，将为管理决策提供准确的依据。

如 2014 年江苏无锡市在惠山、新区等易涝区域，以物联网的立体感知技术为基础，整合云计算技术、智能预警应急技术，构建出高性能的城市洪涝模型，为突发性洪涝灾害的科学决策提供了高效平台。决策者在系统模型中输入降雨量和垂直累积滞态水两个变量，即可较快完成超短期降雨水情临近预报，为无锡实时绘制城市防涝应急“策略图”创造条件。

上海新一轮城市总体规划，正在既有的信息化管理基础上，研究面向大数据时代的数据模型、分析方法和动态监测与评估体系，助力上海走向“智慧城市”。

37

本书分 10 个专题，从总体规划相关知识与话题、产业与创新、社区生活、城市交通、生态绿色、文化与城市魅力、保护与更新、城镇化与城乡协调、城市安全与基础设施、规划支撑性工作等十个方面，以雅俗共赏、图文并茂的形式，介绍了城乡规划相关知识、解读当下热点话题，展现了上海城市演进历程、城市规划建设最新理念，以及城市未来的发展愿景。

「荐书编辑」

陈　晨

上海科学技术出版社

[编辑代表作]

《上海城乡规划百题集》《可持续发展规划：创建宜居、平等和生态的城镇社区》《污染土的快速诊断和土工处置技术》《建筑师的写作指南》

[自我介绍]

作为一名上海科学技术出版社工业编辑部的年轻编辑，平时热爱生活，积极公益，在2015 年的世纪出版集团篮球赛中和队友一起突出重围，取得了第一名。当前，有关环境污染方面的矛盾比较突出，作为一名科技类图书编辑，在消费主义时代的社会责任意识尤为重要，侧重哪一方面的选题，能够对永续发展起到积极的作用，也是编辑做好本职工作的重要体现。让我们一起为 2040 年的上海多做一点，敢想、敢为。

［推荐图书］

《康乾盛世“苏州版”》

高福民　著

上海故事会文化传媒有限公司、上海锦绣文章出版社

上海故事会文化传媒有限公司微信公众号

上海锦绣文章出版社微信公众号

［推荐语］

国内罕见的“苏州版”年画图录

新年张贴年画是我国民间常见的习俗。大众对年画的印象，多半是抱着鲤鱼或仙桃的白胖娃娃，或是福禄寿星之类。而展开这本《康乾盛世“苏州版”》，却像打开了一个繁花似锦的年画新世界。

康乾盛世“苏州版”，指的是清前期至太平天国战争前的苏州木版年画作品，是闻名天下的苏州桃花坞年画的前身。这些木版年画，可分为宫廷版、文人版、西风版和民间版四种类型。其中，既有洋风十足的泰西笔法巨幅版画，也有精细入微的饾版拱花的花卉博古；既有古老的民间传统年画，也有宫殿中苏匠所刻官方大型版画。

这些作品中，尤为精彩的是“西风版”，是运用了焦点透视、明暗排线等“泰西笔法”的大型都市名胜、仕女故事版画。“西风版”的出现和繁荣，与明末清初“西风东渐”“儒耶对话”的历史背景有很大关系。观赏这些既洋溢中国风味，又借鉴西方技巧的大型木版年画，真令人感叹当时中国匠人的开放心态和融汇异域文化的能力。

与对年画的普遍印象大相径庭的是，“苏州版”中有许多以当时城市和社会生活为题材的作品，忠实描摹了康乾年间的中国社会，具有相当高的历史学与社会学研究的价值。在西方许多博物馆，“苏州版”年画甚至被归类在社会文献中。

“苏州版”年画实物存世稀少，现存作品几乎全都由海外机构或个人收藏。除了张朋川教授在安徽屯溪老街发现的一张与辽宁博物馆所藏一张外，在国内以前竟然只纸无存。现在国内出现的四幅也是从海外回流的。而散布在诸如日本海杜美术馆、大英博物馆等处的“苏州版”年画，大多深锁库房，常人难得一见。

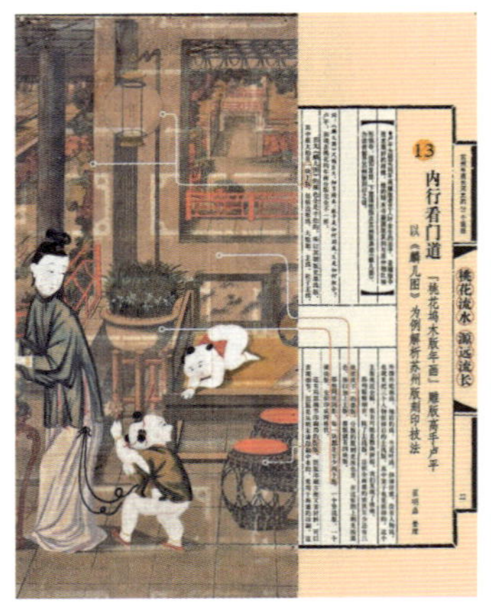

本书作者高福民先生曾为苏州文化官员，有着可贵的文化自觉，他邀贝聿铭设计苏州博物馆，请白先勇唱响青春版《牡丹亭》，主持抢救吴歌，修复顾野王墓，参与苏州城修复……这本书也是他文化自觉的心血结晶。

本书汇集高福民先生积十年之功精心收集的“苏州版”图像近 350 幅，并附有详细说明，是目前为止最完整齐备的“苏州版”图录。全书整体设计由久负盛名的汉声编辑室完成，仿传统线装本制作，典雅大方。

「荐书编辑」

陈丹正

上海故事会文化传媒有限公司

[编辑代表作]

《大闸蟹》《康乾盛世“苏州版”》《“矫情”的法国人》

[自我介绍]

曾学习史学，现为上海故事会文化传媒有限公司图书编辑，主要从事民族、民间、民俗等领域的图书编辑工作。

「推荐图书」

《日本电影史》

[日] 佐藤忠男 著　　黄文杰 应 雄 译

复旦大学出版社

复旦大学出版社
微信公众号

「推荐语」

最全面的日本电影史

如果你喜欢看电影，或许曾唏嘘于《东京物语》惆怅的人情，曾因《七武士》的正义感而热血沸腾，曾为《情书》里美好的纯情流下感动的泪水，曾被《花火》的残酷与决绝所震撼，曾沉醉于《千与千寻》的瑰丽奇幻世界，曾见识过《横山家之味》的悠然与从容……

这些电影，有一个共同的名字：日本电影。日本电影到底有什么独特的魅力，俘获了那么多影迷的心？（君不见每年上海国际电影节期间日本电影展映总是最受欢迎的单元之一？）为什么会产生如此众多的大师名导、打动人心的经典影片？它又走过了怎样的历史进程，经历了怎样的转折与演变？现在，由一个世界上看电影最多的人，来告诉你答案。

据说，他结婚五十年，每天都要和妻子一起看片五部。不夸张地说，他也是全世界最懂日本电影的人。他从 1957 年开始以电影批评为业，也就是说，迄今他从事电影研究已近六十年。他写下的关于日本电影的著作多达百部，他以自己的博学和勤奋生动地诠释了“著作等身”这个成语的意涵。

这个人，就是佐藤忠男。

这个当世最权威的日本电影学者，为所有热爱日本电影的人们，写下了一部日本电影通史。你没看错，是的，他举一人之力，写了下煌煌百万言巨作。这也是他最重要的作品、他的代表作、他的毕生研究精华。

不妨说，今年 86 岁高龄的佐藤忠男本身就是日本电影史的见证人、活化石。他是最有资格来写日本电影史的人，也是最权威的作者。翻开本书，你会发现，他从 18 世纪作为日本电影基础的剪纸影绘，一直写到二十一世纪的当下。各个时期的电影潮流、电影类型的演化、代表性影人（导演、演员、剧作家等）、制片厂的兴衰，乃至时代背景、政策与审查制度，无所不包。甚至是很多电影史会忽略的动画片与纪录片，都做了详尽的论述。如果你是个有心人，甚至能从本书抽绎出独立、完整的日本纪录片史与动画片史。

毫无疑问，这是迄今结构最完整、论述最全面、资料最翔实的日本电影史。理所当然，这部巨著获得了日本“每日出版文化奖”“艺术选奖文部大臣奖”。

笔者自诩是资深日本影迷，同时又是做书人，自然不能放过这样一部独一无二的巨著。幸运的是，经与日本出版方岩波书店谈判，顺利达成了版权引进合作协议。随后，我又请北海道大学文学部的应雄教授，率领其他几位留学日本的博士，组建了专业的翻译团队。历经数年翻译和编辑，这部巨著的中文版终于得以问世，现在郑重推荐给广大读者和影迷朋友们，希望大家会喜欢。

「荐书编辑」

黄文杰

复旦大学出版社

[编辑代表作]

《中国新闻史新修》《日本电影史》《许鞍华说许鞍华》《詹宏志作品集》（四卷）

[自我介绍]

重度迷影症患者。复旦大学出版社副编审，传播学博士，策划、编辑出版新闻传播、文学艺术类图书上百种，先后创立“迷影”和“卿云馆”两个出版品牌，著有《愤世嫉俗：杨德昌和他的电影》，译有《无人是孤岛：侯孝贤的电影世界》，作为影评人连续多年担任华语电影传媒大奖首轮或复审评委。

「推荐图书」

《幻园第二辑：借天工》

曾仁臻 著

同济大学出版社

「推荐语」

纸笔幻梦 须毛想象

同济大学出版社
微信公众号

好友曾仁臻（豆瓣名人“鱼山饭宽”；也就是今天要为大家推荐的《幻园》系列书的作者）是一位特别的建筑师，多年前，我就看到他画很多有趣的文人画，但不同于一般的文人画，他的画中充满了经年累月做建筑、研究中国山水园林空间意境所引出的奇思异想，这些异想或轻松幽默，或引人入胜，或者简直就是一个妙极了的园林设计方案。于是我开始和他计划把这些画整理出书。

没想到，这个提议引发了和我更早前策划《一点儿北京》时几乎一样的后果——作者（原本都是正儿八经在设计院或者建筑事务所工作的建筑师）毅然辞掉了工作，开始全心投入到为书而进行的创作中（当然，其实并不只是为书而创作啦）。而咱们这位曾仁臻老师，可是比《一点儿北京》的作者李涵（他的那些画不知耗费多少心力）更执着、更勤勉，故而外号“真认真”。他在跟我说好出书这件事后，开始全心全意地画，整整一年，画了差不多 1 000 幅画！而且，每一幅都如书中所收录的那样精妙、有趣！这实在不是常人所能做到的。我们把这些画整理出版了《幻园》第一辑之后，“真认真”老师遍开始历时几个月的巡游，遍访各个名山、名园（现在他每隔一段时间就会这样远足一趟），在这样深入的亲身居游之后，再复归纸笔，进而创作了《幻园第二辑：借天工》，带给我们更大的惊喜。

我们做很多“专业”的建筑或园林类的书，但《幻园》系列轻松超越了“专业”的界限，它让我们看到集书法、器物、绘画、山水、园林乃至人与自然关系的思考，充满智慧而又不失轻松幽默。我的另一位作者朋友王欣（《乌有园》系列及《如画观法》的作者）这样评价《幻园》：须毛想象，纸笔幻梦，上天入地，古往今来，这是明清结构性山水册页的当代延续，是积年林泉块垒的饱和式倾吐，是山水意识入门的清新教本，简笔背后藏孤诣，符咒下面见苦心。全书的呈现方式恰到好处，干净利落，见山水素心，如明清文人间流传的册页，朴实无华，可亲可爱，舍得取观，纸面自然温和，翻页间体会到一份豁然通达的宁静。

［荐书编辑］

秦　蕾

同济大学出版社

［编辑代表作］

《幻园第二辑：借天工》《一点儿北京》《小侦探》《七人对谈集》

［自我介绍］

同济大学出版社北京出版中心负责人，于2012年创立城市、建筑、设计专业出版品牌“光明城”和群岛工作室；中国建筑学会建筑传媒学术委员会委员，拥有丰富的城市、建筑、设计出版与传媒工作经验；由其策划的图书曾荣获“政府出版奖”“中国最美的书”大奖、“华东书籍设计奖”“海峡两岸十大最美图书”等多种奖项，曾受邀参加中日韩“书筑”展、深圳/香港城市/建筑双年展、北京国际设计周、台北书展、上海西岸艺术与当代建筑双年展等大型展览，曾获得北京国际设计周“最具影响力奖”；此外，曾策划“中国当代建筑展览文献展”（2013上海西岸当代艺术与建筑双年展）等展览。

「推荐图书」

《上海外滩建筑地图》

乔争月　张雪飞　著　　孙晓悦　绘

同济大学出版社

同济大学出版社
微信公众号

「推荐语」

外滩的故事和传奇

年华似水，匆匆一瞥，来沪十载，“外滩”之于我，似乎仅仅是浮于纸面的两个字，抑或声光色影中的一个要素。成为《上海外滩建筑地图》一书的编辑，令我拥有了一个重新认识、思考并解读外滩的机会。

新年伊始，我向大家推荐这本小巧精致的中英双语“口袋书”，与读者共同分享来自外滩的美好馈赠。

外滩是东方大都市老上海的标志，被誉为老上海的心脏和灵魂，还是中国的历史文化街区。这条大道的西侧汇集了上海最具历史文化价值的建筑，成为世界最优秀的滨水空间之一。这片中国最大的近代建筑群涵盖了新古典主义、装饰艺术派等风格迥异的大楼，多数经历过多次重建，最终形成今天的外滩城市空间和天际线。

《上海外滩建筑地图》是一本媒体人的外滩历史建筑探寻笔记。本书记录了延安东路以北 30 幢外滩建筑的前世今生，分享了上百张建筑照片和历史图片。你会

发现，外滩的故事，就是泥滩变金滩的传奇。

书中列选的 30 幢建筑后皆附有最新的游览贴士，同时还绘制了色彩鲜明的外滩建筑地图和外滩建筑数据分析图等。

抛却“走马观花”式的“到此一游”，重新认识看似熟悉、实质陌生的外滩，体味上海的万般风情，审视这座都市的巨大变迁。让我们在阅读中行走，在行走中阅读。

「荐书编辑」

常科实

同济大学出版社

[编辑代表作]

《上海外滩建筑地图》

[自我介绍]

工科背景的外衣下怀揣着一颗 80 后文艺女青年的心，于是乎，跳出混迹几年的建筑设计圈，义无反顾地游入了书的海洋。现就职于同济大学出版社城市建筑编辑室，主要参与城市规划、建筑类图书的编辑工作。

少儿读物

［推荐图书］

《小小旅行家——我的第一本人文地理图画书（全 9 册）》

［法］伊莎贝拉·佩勒格里尼等　著

［法］康康公主等　绘　　黄小涂　译

少年儿童出版社

［推荐语］

少年儿童出版社
微信公众号

有趣的各国节日

如果你觉得这只是一套给小孩子看的简单的图画书，那你就错了，书中每一页画面都很真实，精美且细腻，信息量很大，让人每打开一页都会爱不释手。每本书后面还配有与该国文化紧密相关的知识，别说孩子了，大人看了也可以学到很多难得的知识。

在美国，万圣节那天，家家户户、街道庭院，到处都亮着各式各样的南瓜灯。孩子们都打扮成小鬼怪，然后挨家挨户去敲门，同时大声说："不给糖果就捣蛋！"于是大人们就把好多糖果放在小孩子们的篮子里。"不给糖果就捣蛋"，我给女儿读这一页的时候，她听到这句话就哈哈哈大笑。

圣诞节，现在是家喻户晓的节日了。在法国，圣诞节的时候，全家人一起摆上惟妙惟肖的小泥人，模拟耶稣降生时的场景。当然咯，还要吃一道特别的圣诞甜点——树干蛋糕，还有十三种甜点，为什么是十三种呢？这代表耶稣和他的十二门徒。每个都尝一点，来年好运相伴。

在罗马，圣诞节是要吃大巧克力棒，还有诱人的圣诞节蛋糕和圣诞果料面包。爷爷奶奶还会给他们唱古老的歌，娓娓地讲述过去的美好故事。

如果快到平安夜才开始进入圣诞节倒计时的话你就晚啦！在德国，12 月 1 日就开始圣诞节倒计时啦，妈妈会用松杉树枝编织起一个降临节花环，放在餐桌上，再插上 4 根蜡烛。每到一个周日，就点亮一根蜡烛，直到平安夜。

别再以为圣诞节的时候就都是白雪覆盖啦。在澳大利亚可是另一种景象哦，热！浪！滚！滚！你猜？圣诞老人来到澳大利亚，他还能穿着他的一身厚厚的棉衣吗？当然不行啦，要脱掉棉衣，换上游泳裤，踏着冲浪板来给小朋友们送圣诞礼物哦！

国外还有好多其他的节日，也很好玩儿，你知道吗？

在瑞典，每年的 12 月 13 日是圣露西亚节。今年轮到菲亚扮演圣露西亚。她身穿白色长裙，头戴用蜡烛做成的王冠，就像个真正的夜之女王。小主人公爱娃也得到了一个重要的角色——扮演美丽的贵妇！卡尔则要装扮成淘气的小精灵。爸爸妈妈们都会来看演出，一起品尝藏红花小面包和蛋糕，再喝上几杯酒，一同高唱《圣露西亚之歌》！真美好！

在印度，酒红节是个色彩缤纷的节日。人们争相把彩粉和颜料泼洒在别人身上，绿色、蓝色、红色，还有橘色，好看极了！浑身沾满颜料的人们就像是怒火冲天的魔鬼，那样子别提有多滑稽了！十胜节是印度另一个重要的节日，为了庆祝正义终于战胜邪恶。那一天，人们会在巨大的人偶里面填满烟火，然后引燃，只见到处焰火夺目，乒乒乓乓，又热闹又刺激！

在日本，女孩有女孩的节日，男孩有男孩的节日。女孩节是在每年的三月三日，正是桃花盛开的时节，所以又叫桃花节。这一天，女孩子们穿上美丽的和服，吃米饼和米糖，有女孩的人家摆放穿着和服的人偶，作为吉祥物供奉。男孩节是每年的五月五日。这一天，为了祝福家中的男孩健康、快乐，家家户户都高高地挂起彩色的鲤鱼旗，还会吃驱除邪气的糕团，也叫柏饼或红豆粽子。

书里还有更多好玩儿的节日等你脑洞大开来发现！

［荐书编辑］

韩　静

少年儿童出版社

［编辑代表作］

《小小旅行家——我的第一本人文地理图画书（全9册）》《十万个为什么（第六版）》（数学分册）《曹雪芹·1762》《马克·吐温　1876年》沪版教材《数学》（一、二年级）沪版《数学教学参考资料》（一—二年级）《数学思维能力优+训练》（一—六年级）

［自我介绍］

喜欢阅读，旅行，音乐的数学系理科女，现任少年儿童出版社教育室编辑。策划编辑的《小小旅行家——我的第一本人文地理图画书（全12册）》被评为“2014桂冠童书·儿童绘本奖”“2015年最美绘本称号”。

「推荐图书」

《蛋宝宝》

[日]神沢利子　文　[日]柳生弦一郎　图　小林小熊　译

少年儿童出版社

少年儿童出版社
微信公众号

「推荐语」

大人看不见的世界

十几年来，无数出版人在绘本引进与阅读推广工作中倾注心血，我们如此欣慰地看到绘本今日成为了孩子们生活的一部分。然而，绘本仅仅是我们送给孩子的礼物吗？其实我更愿意说是孩子帮助我们理解了绘本，正如同我们通过抚养孩子完善了自己并重新认识了人与世界一样。

我第一次看到绘本《蛋宝宝》时，它并没有令我觉得有任何不同寻常之处。关于《蛋宝宝》的秘密其实是孩子告诉我的。

一次短途旅行中，刚刚学会说话的小宝指着窗外巨大的高压输电塔大叫："妈妈，快看！是恐龙！"我诧异的是，在孩子那里，高压输电塔何以与恐龙发生对应关系。这是一位并没有看过任何关于恐龙的影片或图片的宝宝。片刻之后，我忽然想起，"恐龙"这个词语是来自《蛋宝宝》。后来我重新翻阅了绘本，才发现恐龙宝宝的填色方法是如此少见，绘本作家以粗旷而扭曲的红色线条为恐龙宝宝填色，而正是靠着这样的线条与色彩，作者传达给了孩子诸如"宏大、雄壮"之类的原始感觉。于是，当孩子在看到带来类似感觉的客观事物时，她会发出"恐龙！"这样的惊叹。儿童是天生的读图者。

随着小宝逐渐长大，她从绘本中发现了更多的秘密。"妈妈，乌龟宝宝到哪里去了？"这时我才发现原来四个蛋中只有三只乌龟出壳。于是，沿着绘本画家留下的痕迹，她喊道："啊，我找到了，它去和别的宝宝交朋友了。"她从最后蛋宝宝们共同出现的页面中，发现了一只闪着乌溜溜眼睛的小乌龟，她相信那是走失的那一只。

再大一点，她会看着刚出壳的企鹅宝宝的表情"咯咯"乱笑，并开始为刚出壳的企鹅宝宝配音。"啊？我怎么到这里了，这是什么地方呢，我怎么出来了？"然后笑得天花乱坠。

再后来，有一天，当翻到最后一页时，她忽然问道："妈妈，它们怕吗？"

“谁怕？怕什么？”

“那些蛋里出来的宝宝啊，它们怕吗？”

此时，我才重新审视绘本最后出现的鳄鱼宝宝。五只鳄鱼在一个页面的空间中同时呈现，打破了绘本一贯的叙事节奏。原本一页文字一页图片进而在一个对页中出现的蛋宝宝，如同一段有规则节拍的音乐旋律，讲述一个个有关出生瞬间的故事。然而，鳄鱼宝宝出现的这一页，图像叙事节奏被骤然打破了。那些刚刚出壳的宝宝正从前一个对页中，集体走向未知。而这一切被正在阅读绘本的孩子发现了，他看到了蛋宝宝们将要迎面遭遇的是密集地布满页面的鳄鱼。那一刻，她为蛋宝宝的命运忧心不已，于是她开始为它们的命运发问。那是一个孩子最朴素的悲悯之心，大概也是她人生中第一次为“他人”的不可测的命运而深深担忧。

正是那一刻，我被这样一部绘本深深打动，从此以敬畏之心面对我所看到的绘本，在孩子面前在未曾谋面的小读者那里，不再以一个阅读启蒙者的姿态自居，而是谦逊地追随孩子的眼睛，借由他们的眼睛看见那些我的眼睛所不可见的世界。

从这个意义上来说，绘本何尝不是孩子送给大人的礼物。

在共同的阅读过程中，追随着孩子的眼睛，借由他们洁净的心灵，我们得以与心底的真实抑或是头顶的星空再次相遇。透过孩子的眼睛，我们才得以让“不可见”成为“可见”。

［荐书编辑］

黄劲草

少年儿童出版社

［编辑代表作］

《十万个为什么》（第六版）（数学、电子与信息、建筑与交通）《少年科学十万个为什么》

［自我介绍］

科学图书编辑，绘本爱好者，希望能带上“出自心灵”的作品“抵达心灵”。相信科学启蒙不仅是知识的传递，而是帮助孩子认识自己、认识世界，获取长久发展的动力。

［推荐图书］

《圣诞老爸的来信》

［英］J·R·R·托尔金　著　　贝莉·托尔金　编　　黄忆慈　译

北京世纪文景文化传播有限公司

北京世纪文景文化传播有限公司微信公众号

［推荐语］

爱是永不停息

每当圣诞将临，英国牛津 J·R·R·托尔金家的孩子们就格外高兴，因为又可以跟圣诞老爸通信了。孩子们可以在信上写下自己的愿望和想要的礼物，圣诞老爸则会在圣诞前夜光顾。孩子们为此深深着迷，争先恐后地给圣诞老爸写信。

时光荏苒，年纪稍大的孩子，不再挂起圣诞袜，不再写信。可总有新的孩子加入与圣诞老爸通信的行列。圣诞老爸和托尔金家的孩子通信了 24 年，直到托尔金小女儿普里西拉 14 岁：

我亲爱的普里西拉：

圣诞节快乐！我猜这是你最后一次把圣诞袜挂起来了吧，但愿如此，因为我还有一些小礼物要给你，在这之后，我不得不跟你说再见了。可是我不会忘记你的，我们总是把那些老朋友的那些老数字，还有他们的信件保存起来，然后我们会期盼着，有一天再回来。等他们长大成人，有了自己的家和孩子……

特别爱你的老朋友，圣诞老爸

这位依依不舍、目送孩子长大的圣诞老爸，其实就是 J.R.R. 托尔金本人，对他而言，最值得骄傲的未必是《霍比特人》和《魔戒》，也未必是牛津大学的语文学教授的头衔，而是三个健康茁壮的儿子约翰、迈克尔、克里斯托弗，和一个美丽善良的女儿普里西拉。他深深懂得，陪伴才是最好的关爱，目送孩子的成长，是最幸福的事。

圣诞老爸每年的来信，除了最早几封短札内容相对简单，从 1925 年开始渐渐变长，内容也变得复杂。一方面是因为孩子在长大，需要提升内容；一方面也是托尔金又免不了构思故事之心的蠢动。他是螺蛳壳里做道场，在一封书信里运用多种笔迹与身份，文图并茂地创造出令人忍俊不禁的故事，不仅故事热闹异常，圣诞老人与北极熊的相互吐槽打趣也格外生动。

为了自己的孩子，他还先后创作了《罗佛兰登》《幸福先生》和《霍比特人》。这些都是在跟孩子们通信的这几年里诞生的。在与孩子们的互动中，托尔金构思许久的中洲世界也付诸成形，孩子们第一次听到《霍比特人》的雏形正是在 1930 年、1931 年冬天的壁炉边。

1937 年的圣诞，那趟去而复返的旅程为无数的孩子打开了一扇神奇的大门，圣诞老爸送给孩子们的礼物里也有了新鲜出炉的《霍比特人》。在那一年的圣诞老爸来信里，托尔金还假托多才多艺、能书写好几种文字的精灵秘书伊博莱斯，炫耀了一把精灵文，那纤细、潦草看着像蜘蛛的笔迹，恰恰符合《霍比特人》中对比尔博·巴金斯笔迹的描述。

正是耐心的付出与陪伴，才让托尔金生后庞大的文学遗产找到了继承者：三儿子克里斯托弗。当年那个最期盼圣诞老爸来信的小克里斯托弗，现在是托尔金文学遗产执行人，守护着父亲开创的中洲传奇。

黄磊父女被深深感动并亲自翻译了此书：“父爱是不会说再见的，终有一天，她们会懂得，即便我们离去远行，爱依然会留下，陪伴在她们的左右，并且传递，在她们长大、成家、为人父母的时候。”

「荐书编辑」

沈　宇

北京世纪文景文化传播有限公司

[编辑代表作]

《城邦暴力团》《八百万零一种死法》《我的文学奖》《大河尽头》《圣诞老爸的来信》

[自我介绍]

80 后，除嗜读外无不良癖好，目前从事图书接生婆工作，做书买书。

［推荐图书］

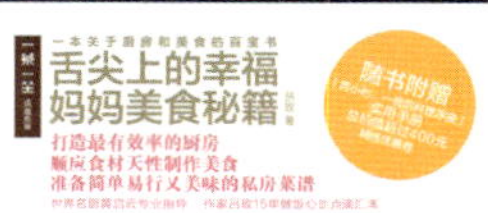

《舌尖上的幸福：妈妈美食秘籍》

吕 玫 著

上海世纪文睿文化传播分公司

上海世纪文睿文化传播分公司微信公众号

［推荐语］

一本关于厨房和美食的百宝书

作为一个吃货，你是不是会经常有以下困惑？

* 从未下过厨房，又想成为料理专家

* 看遍食谱，仍然不知如何下手

* 喜欢转发美食信息，却对知识和常识一知半解

* 新手主妇，想为心爱的家人准备既健康又美味的三餐

如今，妈妈的味道正在被外婆的味道或是奶奶的味道替代。

职场女性忙于加班应酬，农村女性进城打工，全职太太交由保姆做饭，妈妈的味道正在从我们的生活中流逝。越来越多的商家将妈妈的味道作为噱头来盈利，但妈妈的味道却越来越苍白。

2014 年，上海世纪出版集团世纪文睿文化传播分公司携手作家吕玫，以及“一茶一坐”行政总厨、顶级美食艺术家黄启云，一起打造深入浅出、异彩纷呈的《舌尖上的幸福：妈妈美食秘籍》。

我们的妈妈作家吕玫，好奇心重，喜欢做饭，天天为家人炮制一日三餐，本书正是她 15 年主妇经验积累成的第一本美食书，通过这本书，她把自己关于严选食材、顺应食材的天性去制作美食的人生哲学呈现了出来。“既能轻松地为家人呈上简约的晚餐，换取其乐融融的家庭气氛和安全无负担的饮食，又能得到作为一个优雅女性的成就感”，这正是吕玫一直以来希望带给读者的生活智慧。

而特别顾问黄启云，外形时尚不羁，内里却有一颗爱吃会吃的心。作为法国蓝带远东区名誉会员，优质蓝带美食勋章的获得者，这位遍尝世界美食、心目丘壑万千的世界级名厨，把自己几十年钻研的料理技能无私奉献出来，跟着他，我们将发现，原来做一手好菜是这么容易的一件事。

本书不同于一般的菜谱，而是从告诉大家如何打造最有效率的厨房开始，既分门别类介绍了不同种类食材的辨别与最佳使用方法，又有与之相配套的最简单易行又美味的私房菜谱。这些丰富的生活经验和经得起推敲的日常知识，重塑了妈妈的味道，让更多年轻人学会做饭、爱上做饭，让你发现，做菜是一件优雅有趣的事情，激发你身体里的烹饪天分。

翻开这本书，从此厨房就是你的地盘。

本书还附赠《两小时，一周的料理序曲》精美实用手册，在这个其乐融融的假期里，为家人和自己准备一桌美味佳肴吧！

「荐书编辑」

陈　蔡

上海世纪文睿文化传播分公司

[编辑代表作]

《藏·世界》《亲爱的爸爸》《末日那年我 21》《喜欢你的 150 个小细节》《一家有一喵》《41 厘米的超幸福》《贤者之书》《舌尖上的幸福：妈妈美食秘籍》

[自我介绍]

穿着剩斗士的铠甲行走人间。

观不同的风景，遇不同的人。

命运让我什么样，我就享受什么样。

「推荐图书」

《有思想的鸡，快乐的蛋——实战型老师成功教学手记》

董丽楠　著

上海世纪文睿文化传播分公司

上海世纪文睿文化传播分公司微信公众号

「推荐语」

这是一本适合家长和孩子一起看的书

本书是国内首创的麻辣另类教育方法下的孩子成长日志，笑点、泪点背后充满着积极向上的正能量，给教书育人以正面的启迪。

作者董丽楠，校园别称董老大、妈、董楠楠、楠楠姐、阿楠……是上海金苹果双语学校初中数学教师。她是学生眼中麻辣另类的老大、好哥们、妈妈、闺蜜和死党；她是家长眼中讲原则、负责任、有爱心、让人放心的好老师；她是女儿眼中的辣妈、老师、无话不谈的知心朋友。她喜欢孩子，喜欢校园，除了热爱数学，还喜欢写字，崇尚简单生活。从小立志做小孩子的老师妈妈，并将此作为自己唯一的理想，至今不曾后悔。

从任教中学数学老师以来，写下了60余万字的“麻辣教师日记”，本书从中精选近30万字集结而成，全景式记录了她跟孩子们的校园生活。本书主要围绕麻辣教师和她的孩子们的校园生活展开，笔触细腻唯美，行文富节奏感，风格幽默诙谐。特别是，那些有点“尖刻”甚至“无赖”的鲜活对白，貌似不留情面的奚落，实为舐犊情深的关爱，成为教师与学生之间消除隔阂、相互欣赏、平等沟通的生活调料。

最初拿到这部书稿时，我深深地被这个麻辣味十足的董丽楠打动了。

在教室里，她将枯燥的数学变成了学生心中最美丽的科目。她用麻辣爆笑的方式，让一个个“差”生变成优等生，并顺利考入国内外一流的大学。她把班级变成大家庭，给那些爱缺失的孩子以爱的温暖。

真心为那些遇到董老师的孩子感到幸福！他们在最需要关爱和理解的青春期，遇到了一位真正走进他们的内心，用爱呵护他们的好老师，这在他们以后的人生中必将成为一笔宝贵的财富。

谨向董丽楠老师致敬，为你内心对孩子的爱。

［荐书编辑］

张玉贞

上海世纪文睿文化传播分公司

［编辑代表作］

《蒙田随笔全集》(全3卷)《管子解读：领袖需要的智慧》《迷失的人》《有思想的鸡，快乐的蛋——实战型老师成功教学手记》

［自我介绍］

80后图书编辑，率性自然，性喜与书为伴，尤好古之经典。

［推荐图书］

《密码俱乐部》

［美］珍妮特·贝辛格　维拉·普莱斯　著　　希格玛工作室　译
上海教育出版社

上海教育出版社
微信公众号

［推荐语］

谁都可以玩的密码

“跳舞的人形”是《夏洛克·福尔摩斯探案集》里一篇精彩的故事。反面角色亚伯·斯兰尼使用了一种代入式密码，密码采用了跳舞人形的线条画，每个跳舞的人形手臂和双腿的姿势不同，以代表不同的字母！他利用这种密码向自己儿童时代的爱人埃尔西发送加密的恐吓信息。福尔摩斯拿到信息后，揭开了其中一些跳舞人形所代表的含义。福尔摩斯未能阻止凶案的发生，但他设套使斯兰尼回到了案发现场并逮捕了他。

其实，密码谁都可以玩，只不过我们需要一本入门的指导书而已，比如《密码俱乐部》。“如果我在学生时代阅读过这本书，他无疑会让我受益无穷。”这是美国数学会主席罗纳德·格莱对它的评价。

《密码俱乐部》是一本为中学生介绍密码学的精彩图书。本书英文版由美国AKPeters图书公司出版，后由上海教育出版社引进中文版，并由希格玛工作室翻译。原版作者是珍妮特·贝辛格和维拉·普莱斯，前者是美国芝加哥伊利诺大学的数学与科学教育研究所教授，参与编写了《数学应用推广的开拓者》和五年级数学课程教材；后者是美国芝加哥伊利诺大学的数学、统计学和计算机科学学院教授，编写了《纠错码的理论概述》与《纠错码的基础理论》。这是两位既有扎实数学功底，又有深厚写作经验的作者。

如果是一般性的科普读物，可能是先谈谈密码的定义，然后分别说说有哪些种类，我们如何来破译这些相应的密码。这可能是普通科普读物的标准配置了吧。而这本别致的科普读物《密码俱乐部》的内部实际隐含了上述的标准配置，但与众不同的是，它的外部表现则是一本小说。本书从几位学生初次接触密码开始传递他们之间的秘密信息讲起，娓娓道来各种类型的密码；随着信息的升级，相关密码的类型也逐步升级。在这一过程中，这几位学生一起破译了不少很有难度的密码信息。与此同时，读者在这些故事中不知不觉地了解了密码的种类、破译的方法、各种数学知识（分解因数、幂、模运算，等等），以及一些生动有趣且鲜为人知的密码故事。

［荐书编辑］

张莹莹

上海教育出版社

［编辑代表作］

《智力难题与脑筋游戏》《密码俱乐部》《数学教育的中国道路》《作为教育任务的数学思想与方法》《创意·相识》《密码俱乐部》

［自我介绍］

爱数学、爱教育、爱出版。

曾经，我的整个大学时代，生活被一本又一本数学书和一道又一道数学题所占据；现在，我的编辑生涯的第十个年头，生活仍是被一本又一本数学书和一道又一道数学题所占据。以此类推，我将来的生活注定仍将是被一本又一本数学书和一道又一道数学题所占据吧。因为热爱，所以我会一条道走到黑！——这就是一个数学系毕业的数学编辑用数学逻辑进行的表白。

生活中，我是一个安静的人，沉稳、勤劳、亲切是我对自己性格的评价；工作中，我是一个务实的人，专业、博学、创新是我对自己工作的要求。

「推荐图书」

《师道匠心》

上海市特级教师联谊会　上海教育杂志社　编著

上海教育出版社

上海教育出版社
微信公众号

「推荐语」

教育　学习方式　教师发展

我们的教育，是希望孩子能够幸福。他要有健康而舒展的身心，要有自我服务的精神，要有感受和欣赏美的能力。有一颗充盈的内心，才能够拥抱幸福。然而，看看目前教育生态中弥漫的焦虑气氛，尤其是学生“抢学”、教师“抢教”的现象，看看孩子们沉重的书包、冷漠的面容，看看他们奔波在学校和辅导机构之中的忙碌身影，我们不禁要问，怎样才能引领孩子的成长？怎样才能实现孩子的终身和持续发展？

《师道匠心》这本书，凝聚着上海 60 位特级教师的教育智慧和专业能量，体现出上海教师孜孜以求的工匠精神和永不止步的创新勇气。

1. 语文特级教师周云燕：如何让孩子爱上阅读

阅读体验对儿童至关重要。14 岁之前是阅读的黄金时期。阅读这件事，要顺应儿童的天性，用适合儿童的方式引导他们亲近书本。让孩子爱上阅读是需要引导的，我们不妨腾出时间，让孩子有读书的闲暇，让读书自觉地成为一种生活方式，营造氛围，让孩子生长在书香里。希望所有的学生与家长把阅读变为一种精神呼吸。

2. 学前特级教师应彩云：在生活中学习的儿童

从呱呱坠地开始，学习伴随着我们一辈子。在成人眼里，学习是学知识而不是睁开眼睛看世界，张开耳朵听世界。其实，孩子的学习是直接的、具体的、形象的，应该让他们亲身体验，实际感知。我们要让孩子在生活中学习，生活中有着无数的学习机会。

3. 德育特级教师戴耀红：家长如何读懂青春这本书

如何与青春期的孩子共同成长是现代家长的必修课。而爸爸妈妈往往不甘心做青春期的读者，而是要做作者。孩子自我意识觉醒，有了我的青春我做主的意识，这是一种成长。怎样才能让亲子的小船不翻呢？了解青春期孩子的生理和心理特点是关键。要教会孩子学会做决定，可以让孩子自己选择，但是家长可以合理引导，告诉他怎样做决定。

4. 物理特级教师倪闽景：为什么现在是学习科学最好的时候

我想说的是孩子们不仅仅要看人文类的书，而且要多看看科普类的书。尤其建议家长多给孩子买些科普类的书。只有科技强大了，国家才会强大。所以现在国家比任何时候都强调创新。两百年前科技强国是英国，而现在是美国，这和美国注重创新教育不无关系。现在最受关注的重大科技突破方向有哪些呢？比如新能源（太阳能、可燃冰）、新材料、基因工程、机器人和人工智能等。这些领域都能找到非常好的科普书籍。

……

这本书凝聚特级教师的教育智慧与专业能量，为学生成长、家庭教育及教师发展指点迷津。

［荐书编辑］

李　玮

上海教育出版社

［编辑代表作］

《师道匠心》《爱的艺术》

［自我介绍］

《纽约客》的资深编辑威廉姆·肖曾说："一个好编辑正如同一个好教师，他的工作不是为了显示自己，而是为了展示别人的成就。"有幸成为一名教育编辑，在对"人"的成长过程的研究中发现价值。

「推荐图书」

《漫画小小钢琴演奏家》

[美] 彼得·克拉吉奥　著　刘媞媞　译

上海音乐出版社

「推荐语」

有趣又权威的音乐漫画丛书

上海音乐出版社
微信公众号

我从上海音乐学院音乐学系毕业后，在上海音乐出版社从事音乐出版物版权贸易和引进版图书编辑工作。由于从上大学起，我就一直带有各个年龄阶段的钢琴学生，所以深知学生们普遍存在着“上课容易，回课难”的问题，而这种现象的背后，除去各种外在原因，问题的核心还是在于练琴的主动性较弱。因而，我一直希望着能够发掘出一套生动、有趣，又适合中国孩子现状的图书。

《漫画小小钢琴演奏家》便是我最终选定的目标，它是由美国秋思音乐公司（Kjos Music Company）打造的一套音乐漫画，共分为5册，分别是《音乐的风格》《音乐的表情》《踏板的学问》《完美的练习》和《多彩的触键》，实际上它们从音乐史、音乐记号、踏板使用、练习方法和表演实践5个方面对钢琴学习者进行了全方位的指导。秋思音乐公司在幼儿钢琴教育和音乐早教方面拥有一支国际上顶尖的教师、作者团队，他们在平日的教学中，非常擅于用最能让孩子们接受并喜爱的方式来引导孩子学习钢琴和音乐，而当前这套漫画更是将最权威的钢琴音乐知识和最无厘头的美式幽默相结合，使孩子能在快乐中获得对他们学习钢琴十分有益的知识。

当前这套《漫画小小钢琴演奏家》可以说为幼儿钢琴教学课堂的教学模式提供了一种新的思路。对于以提高综合音乐素养为学习目标的琴童而言，书中对音乐风格、音乐情绪、音乐体裁等知识的讲解可以使学生综合了解音符和钢琴背后真正的历史和艺术；对于以考级为阶段性目标或短期目标的琴童而言，本系列漫画一方面对有效的练习方法给出了详细、实用的建议，另一方面对上台演奏前的全方位准备也进行了详尽说明。整体上来看，本系列漫画既可以作为一种课外扩展阅读材料，也可以作为对课堂指导的补充说明，甚至还可以用作为音乐综合类课程的教学大纲，单独开设音乐艺术阅读课程。

本套音乐漫画的文字作者是彼得·克拉吉奥，插画作者是乔恩·J·穆拉卡米。与一般儿童类音乐教育图书作者的身份不同，彼得·克拉吉奥的主要身份并非是从事教育理论研究工作的学者，而是一名活跃在国际钢琴演奏舞台上的钢琴家，他毕业于茱莉亚音乐学院，在古典音乐和当代音乐的演奏上都极具个性，因此他在漫画中对音乐知识的讲解都十分实际、形象、贴切和易于理解，不带任何“学究气”；而乔恩·J·穆拉卡米对于当代很多热衷于现代动漫文化的青少年甚至大儿童——琴童家长们来说都不是一个陌生的名字，全球各大动漫展上都不乏诞生于他笔下的卡通形象，他对文字情节独特的爆笑式表达方式在当代受到了许多漫画迷的喜爱。

［荐书编辑］

段劲楠

上海音乐出版社

［编辑代表作］

《漫画小小钢琴演奏家》《每日必练管乐系列》《舒曼钢琴作品全集》《郎朗钢琴启蒙教程系列》《布伦德尔谈钢琴》《交响乐队乐器图典》《20 世纪作曲家：加布里埃尔·福雷》

［自我介绍］

自幼学习钢琴、吉他演奏，上海音乐学院音乐学系硕士毕业，研究方向音乐文献编译。有英、德文献译著若干，音乐作品数首，自认弹得一手好琴，学生为数众多，但身为一级退堂鼓演员，故不常登台献艺。毕业后幸得上海音乐出版社赏识，在版权部奉职主管出版物版权贸易工作，自视为文化使者，也常被唤作文化贩子。喜乐、喜书，喜乐之书，开发出好书力争担任责编，尊重学术，敬仰译匠，也善跟译者纠缠，人送外号“502”。

「推荐图书」

《燕子姐姐讲故事》

陈燕华　朗诵编著

上海音乐出版社

上海音乐出版社
微信公众号

「推荐语」

故事 + 音乐 + 绘画 >3

听“燕子姐姐”讲故事是所有 70、80 后新爸爸、新妈妈们童年时难忘的记忆。

“复古风”“怀旧情结”在年轻人中盛行已久，还记得那些经典的卡带时光吗？小时候入睡前，常常会在一堆皱巴巴的磁带盒中，翻出燕子姐姐讲故事，打开录音机，有滋有味地边听边摇头晃脑。

如今，曾经的这群可爱孩子已经在匆匆岁月里陆续地为人父母啦！让孩子听自己以前最爱听的童话故事，已经成为一种新潮流、新风尚。

好消息是，甜美清新的燕子姐姐又飞回来啦！

历时两年的精心准备和打磨，燕子姐姐与上海音乐出版社擦出了耀眼的火花，小编荣幸地担任了这套书的编辑，并参与策划组织了一系列活动，以至于现在燕子姐姐都以“小经纪人”相称，想来真是一件如童话般的美事儿啊！

这套书有什么特别之处呢？首先，故事内容由燕子姐姐亲自操刀，她为现当代的孩子们反复甄选了 10 个中外最经典的童话故事，如《皇帝的新衣》《三个和尚》《卖火柴的女孩》《海的女儿》等，重新进棚录音、配乐、制作。有时，仅仅是一个气口、一个字词，都会让燕子姐姐反反复复地斟酌，她对故事语言近乎苛刻的完美要求，每每感动着小编，因为我看到了对艺术的尊重和执着。

本套图书的最大亮点除了燕子姐姐几十年不变的完美声线外，还全国首创地将中外经典名曲的旋律作为故事的背景音乐，让孩子们在聆听故事的同时，不知不觉地得到古典音乐的熏陶，从小感受艺术，认同经典；同时，此次设计插画的团队也具有国际一流水准，曾为迪士尼设计绘画形象，套装版随书附赠了一本精美的插画填色本。对了，IPAD 版免费 APP 也已全线登陆苹果商场，可以先睹为快哦！

“哇！好听、好读、好看得就是这么任性！”

“故事 + 音乐 + 绘画远大于 3”的完美融合是“燕子姐姐讲故事”品牌的全面升级，全新的奶爸、奶妈们你们准备好了吗？睁大慧眼，看，《燕子姐姐讲故事》（名曲配乐彩绘本 3CD 套装版）是你们为自己和朋友的孩子们带去的一套充满创意、想象和智慧的节日厚礼。

［荐书编辑］

陈涵卿

上海音乐出版社

[编辑代表作]

《燕子姐姐讲故事》

[自我介绍]

爱看书、爱旅游，常看电影、听音乐会。非傲娇的文艺女，却是不折不扣的吃货一枚。热衷于拍摄一切美好的事物。曾经是学霸，后来硬生生地为了艺术弃理从文。完美主义处女座，常深陷纠结憋出内伤，却对人善良平和好脾气，童心泛滥是改不了了，热爱音乐也是命中注定的。

「推荐图书」

《50 个教育法》

[英] 陈美龄　著　　陈怡萍　译

上海三联书店

上海三联书店
微信公众号

「推荐语」

真正的鸡汤是什么样子的?

转做出版社的编辑之后，我编的第一本书是《50 个教育法——我把三个儿子送入斯坦福》，这本书卖得还不错，作为编辑处女作来讲，已经超过了我的预期。作者陈美龄女士非常配合，我们做了许多场活动。我想了各种主题，找了各个领域的专家来与她对谈。这本书并不是大家想的一本虎妈写的那种很吓人的书，相反，显得过于温和了。甚至看起来有点像鸡汤。鸡汤为什么会有这么多人爱看呢？是因为通过这些文字，胸中重新燃起了希望吧？一个在年级排名 299 名的后进生最后考入了复旦，这样的故事才更有激励作用吧？假如一个每年考第一的优秀生，考入了斯坦福也没什么了不起不是吗？

《50 个教育法》并不是普通层面的鸡汤，这本书并不是在说，怎么把三个笨蛋儿子通过超级教育法，全部送入斯坦福的励志故事。而是一个优秀的妈妈，家庭条件优渥，怎么教育孩子，怎么把基因优秀的三个儿子全部送入斯坦福的教育理念。这些理念，在我看来，比今天绝大多数的鸡汤都要高级，因为充满了真正的正能量。

什么才是成功的教育？在不断被学弟学妹们请教如何考入复旦的这些年，我反复思考过这些问题。斯坦福大学在招生的时候，要求申请的学生写一篇文章自述为什么要考这所学校为什么选择这个专业？对比回忆一下我从前高考的时候，哪知道什么专业？至于为什么要考复旦，不过是因为这所学校分数最高，考进了就代表超过大多数人。

“超过大多数人”，这个理念已经在教育学中被认为是非常不好的想法。因为永远会有比我们更优秀的人。一旦这样的比较产生，就很难快乐。因为必须去不断超越，而在复杂的成人社会中，比较又不像考试时候这样单一，于是心理就会失衡，否定自己，变得很消沉。如果每个人都可以做到，比昨天的自己进步一点点，每一天都过得非常充实，那就是很好的成长。这也是《50 个教育法》中谈到的重要理念。

在书的宣传过程中，碰到了许多焦虑的家长，比当年我自己的家长更焦虑。他们提出了各种各样的问题，孩子不爱学习怎么办孩子非常暴躁怎么办？孩子成绩就是上不去怎么办？孩子要不要去上国际学校要不要学钢琴学舞蹈学奥数？……

生孩子的一百个难在教育孩子的难面前不值一提。家长们有没有静下心来仔细考虑过，到底想让孩子有个怎样的未来？还有我们自己，有没有认真想过，父母想要我们完成的那个人生，真的是我们自己想要的吗？如果不是，那么自己的理想人生应该怎么度过？

而如果真的可以像美龄这样一直像鸡汤一样活着活了六十年，发自内心得像鸡汤文那样言行合一，也许真的就会变成一个成功的人吧！

祝每个人都尽快知道自己想要什么。

「荐书编辑」

职　烨

上海三联书店

[编辑代表作]

《50 个教育法》《人生的 38 个启示》《明式黄花梨家具：晏如居藏品选》《心如直弦》

曾做过十年特稿记者，关注文化、艺术、建筑等领域，撰写大量相关报道。曾任纯文学物《天南》编辑，环保杂志《Veco》编辑，《申江服务导报》文化版主编。从高中开始发表小说、散文，作品见于《上海文学》《美文》《萌芽》《读者》等报纸杂志。获“上海市新闻奖”、全国报人散文奖、《美文》我最喜爱的作者等奖项。

「推荐图书」

《做真正的我：一本让你认识自己天赋才能的工具书》

［美］查大伟　著　吴建国　译

上海远东出版社

上海远东出版社
微信公众号

「推荐语」

不要强迫鱼儿去爬树

爱因斯坦曾说过："每个人都是天才。但如果你用爬树能力来判断一条鱼有多少才干，它一定会相信自己是愚蠢不堪。"可现实生活中，有太多人好似辛苦爬树的鱼。这些原本应该待在水里，过着快活日子的可爱小鱼，被他们的父母、老师、朋友、社会的价值观所影响，拼命离开了水去爬树。这是因为父母没有达成的愿望，像魔咒似地加在孩子身上。于是世世代代都做了爬树的鱼，既不快乐，又根本不可能爬得上去，却咬紧牙，拼命要爬……

是时候要破除这个世代传承的魔咒了，不要强迫鱼儿去爬树，让鱼回到他们本该生活的领域，快乐地做小鱼，还有希望长成大鱼。

身为父母的我，很有幸责编了这本由台湾教育专家吴建国教授和美国咨询专家查大伟合著的《做真正的我：一本让你认识自己天赋才能的工具书》一书。它点醒了我，其实，每个孩子都是天才，只是有些孩子还没有找到自己的天赋所在并极大地发挥出来。父母要做的不是以自己的理解去定义和塑造孩子的成功，而是给孩子充分的自由和支持让孩子成为他自己，让孩子尽最大的努力做最好的自己。

吴教授在书里分享了他的教育经验，坦言他也有一个从小只愿意念自己爱读科目书籍的儿子，就是一般所称的"偏科生"，成绩不能均衡发展，学习过程充满挫折，幸亏孩子的母亲顶下了来自学校的压力，给孩子发展自我的空间，并培养他自学的能力。虽然他考大学落榜，但日后在所爱的高科技领域，靠着自学，看准云端计算是未来科技的关键技术，创业成功，得以从事喜爱的工作，享受着真正属于自己的人生。

很显然，没有父母的支持，孩子很难在天分兴趣上得到充分发挥的机会。许多父母又会问：如何发掘孩子的天赋才能与兴趣呢？那不得不又提到这本《做真正的我》，除了提供真实案例外，它是一本 know-how 的工具书，附上很多实用的性向测验工具资源，帮助每个人找到适合发展的方向。在 12 月举办的该书读者见面会上，作者邀请了一名读小学五年级的小朋友通过扫描书中所附的二维码，现场做了测试。这位女孩表示测试结果还是挺符合她的实际情况的，她也大大方方地跟在场的观众分享了自己的愿望和梦想。

家长朋友们，千万不要用强迫一条鱼去爬树的心态要求自己的孩子去做他们最不擅长的事。每个人心中都住着一个"小孩"，他天真烂漫，纯真无邪，感受快乐，不要把他遗忘在我们的童年中。放下家长的架子和抱负，和孩子一起阅读这本《做真正的我》吧！让孩子在充满爱的氛围中获得力量，勇敢地去面对未来的生活和挑战。

但愿我们的社会不要再有爬树的鱼。

［荐书编辑］

李　英

上海远东出版社

［编辑代表作］

《中国农村改革（2002—2012）》《金融与理财》《做真正的我：一本让你认识自己天赋才能的工具书》

［自我介绍］

李英，现任上海远东出版社总编辑助理、教材编辑中心主任，上海市青年文学艺术联合会会员，上海市编辑学会（第五届）个人会员。从事编辑工作九年来，做过的每一本书都见证了其个人的成长。编辑出版了全国第一套适用于中小学课堂教学的《金融与理财》教材。

「推荐图书」

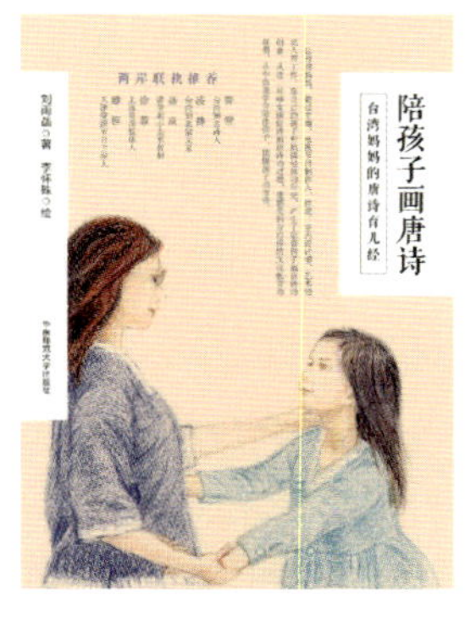

《陪孩子画唐诗》

（母）刘雨菡 著 （女）李怀殊 绘

华东师范大学出版社

华东师范大学出版社
微信公众号

「推荐语」

一对台湾母女在唐诗里的想象畅谈

这是一本怎样的书呢？

简单来说，书里记录的是一对台湾母女在唐诗里的想象畅谈，她们从李白的窗前月光谈到凡·高所画的卧室；从王维的倚窗前谈到毕加索的立体派；从《游子吟》里慈母寄托的爱谈到缝纫机的历史……

原本深刻枯涩的知识在妈妈的讲解下，变得浅显易懂，拉近了古诗与孩子现代生活的距离。书中的唐诗画插图由作者女儿绘制，从幼儿园画到小学，持续了3年，孩子在自己创作的唐诗画中表达出了对唐诗内涵的理解。从书中，我们看到一位母亲的文化趣味，如何在孩子的成长过程中潜移默化地发挥作用，也能看到一位母亲在耐心、平静地陪伴孩子、读懂孩子。

为什么想做这本书？

虽然自己的身份还不是家长，但因为所读专业与目前工作都与儿童有关，所以在儿童教育上学了一些、看了一些、也思考了很多。学校、教师当然有一定的作用，但是对孩子一生贡献最大的还是他的家庭、他的父母。家长也逐渐有了这方面的意识，可是要做些什么？怎么做呢？于是便有了这样的想法：出一套书给愿意花时间陪伴孩子的家长们。陪伴的方式和内容各不相同，有心的家长可以从书中他人的经验中找到自己可以和孩子一起做的事，也许是旅游，也许是绘本阅读，也许是逛博物馆，也许就是聊诗论画……因缘际会，在有着这样想法时遇到了这对台湾母女，遇到了这样一本书稿，于是想法得以成为行动。

如果没有我，这本书会有哪里不一样？

每做一本书，总是会反复问自己这个问题。让经手的每一本书或多或少染上自己的色彩，表达出自己对这本书的理解，这是一种愿望，也是一种坚持。

于是在与作者的讨论、碰撞中，诞生了配套的手工书《我的诗画本》。《陪孩子画唐诗》是给家长看的，可以从中借鉴与孩子谈诗论画读懂唐诗的方法；《我的诗画本》是给孩子玩的，24 首唐诗变成了 24 个好玩的艺术创作，剪剪贴贴、涂涂画画，让孩子尽情释放思考力、创造力、整合力和动手能力，创作出属于自己的独一无二的诗画本，也给家长和孩子提供了更多的互动机会和话题。当然，也满足了我这个手工控和笔记本控的各种幻想，在经手的书稿中找到自己的兴趣点，实现自己的一些想法，很容易为自己带来成就感和满足感，这是作为编辑的小小“特权”，感谢这份工作让我认识了不同的人，能够尝试许多不同的事。

[荐书编辑]

沈　岚

华东师范大学出版社

[编辑代表作]

《陪孩子画唐诗》《美慧树幼儿园主题课程资源》《给孩子的实验室系列》《风靡全球的折叠大书学习法》

[自我介绍]

80 后教育出版从业者一枚。4 年商学院求学却歪打误撞地进入了从来没有接触过的学前教育，3 年研究生的大半时间在各种兼职中度过，做过广告文案、活动执行、早教销售、也当过老年大学教师，毕业走出校园时对学前教育仍旧懵懵懂懂。因缘巧合一头扎进了出版业，编辑童书、做教师培训、参与课程研发，与 IT 男们斗智斗勇攻克数字产品项目，渐渐品味出做教育和做出版的乐趣，喜欢将跨界的思维带入其中，把自己定位于产品经理，乐于进行各种奇思妙想的碰撞和尝试。

「推荐图书」

《新理念少儿英语阅读》

陆轶晖等　改编

上海外语教育出版社

上海外语教育出版社
微信公众号

「推荐语」

亲子英语阅读，是学习，是工作，更是幸福生活

现代人的生活节奏很快，生活压力也不小，以至于亲子阅读在很多时候成了一种奢侈。让我们实实在在抽出一点时间来，陪孩子好好读一读，不论是汉语的经典诗词，还是这里我要推荐的亲子英语读物，都是对孩子的真爱。

《新理念少儿英语阅读》这套书提供了六个等级、总共 30 本小书，每本书提供一个看似简单、实际上余味无穷的小故事，配以丰富多样的练习。

对于少儿英语阅读，一些朋友可能会想，这有什么，不就是简单的 orange、fog、The quick brown fox jumps over a lazy dog 吗？其实不然。做父母、跟孩子进行亲子阅读是需要技巧的，而现在由于家家户户都是独生子女，做父母只有一次机会，这其中的技巧难以靠自然而然的反复磨炼获得。那么，亲子阅读的技巧哪里去学习呢？这也正是《新理念少儿英语阅读》这套书的精要所在：每个等级读物都配套了一本《指导手册》，其中配有示范性的亲子阅读录音，手把手地教会家长如何巧妙创设温馨友好的共读氛围，使亲子阅读发挥应有的效用。在这具体的示范中，也渗透了如何做好家长的技巧和理念，这套书也因而得名《新理念少儿英语阅读》。从这个角度说，亲子英语阅读是一个学习的过程，学习如何做好家长、如何更好地参与，而不仅仅是指导孩子的英语阅读。

父母是孩子的第一任老师，而所谓“十年树木，百年树人”，养育一个孩子是我们一辈子的事业，是一份要求我们充分敬业、当然回报也极大的工作。当我们抱着精益求精、全身心投入的态度去做好这份工作，就能收获孩子茁壮成长的丰硕成果。也正是为了家长们能够做好这份工作，我们引进出版了这套《新理念少儿英语阅读》，并且在编辑加工的过程中精益求精，希望能对朋友们有所帮助。

做好父母，做好亲子英语阅读，不但是学习、是工作，也是我们真切的幸福生活。如今的家庭一般只有一个孩子，孩子的成长只有这一次。我们有什么理由不更加耐心、更有爱心、更有技巧地去做好父母呢？等到孩子长大了，我们重归二人世界，那时我们也才有足够的记忆可以幸福地回味。在这单向度的生活中，我们如果能够利用好《新理念少儿英语阅读》这样的优秀读物，充分咀嚼其中滋味，就能跟孩子一起留下最美好、最“小确幸”的回忆，何乐而不为呢？

「荐书编辑」

武泽明

上海外语教育出版社

[编辑代表作]

《新理念少儿英语阅读》《迪士尼电影读物》《听读美国小故事》

[自我介绍]

英语语言文学硕士，上海外语教育出版社编辑。当编辑前做过十余年中学英语教师，当编辑后从中小学阶段下探到学前英语图书，深感其意义深远，也感到其中不易。愿以我所学，铸就新时代英语童书的精品，让孩子们爱不释手，让家长们有所收获，让亲子间更加亲密。随着自己的孩子从小学读到初中，我也努力把工作、英语专业学习和生活中的亲子教育结合起来，力求在所做的各种事情中找出更深的意义，并以此与朋友们交流、沟通，追求共同进步。

「推荐图书」

《黑布林英语阅读》

张利琴　改编

上海外语教育出版社

上海外语教育出版社
微信公众号

「推荐语」

在书中漫游

这是一套英语分级读物，其中一个特点是"新旧结合"，每本短小精悍，在这里我挑选高一第 1 辑中的一"旧"一"新"做展示。

"旧"，指经典作品。《吸血鬼德拉库拉》(作者：Bram Stoker，改写：David A・Hill，插图：Agilufo Russo)乃吸血鬼小说的开山之作。原作经改写，以简单、清丽的语言重现。虽然，本书的经典桥段已被快餐文化无数次复制，但这无法埋没经典，就像侦探小说爱好者仍对阿加莎爱不释手一样。古堡僵尸、十字架驱魔等标配场景都由这本书发扬光大，可见其在吸血鬼界的重要性。

《吸血鬼德拉库拉》舍弃了"作者全能神"的角度，整个故事通过碎片式的主角日记、来往信件以及报纸新闻等以拼图式呈现，让读者一点点拼凑出事情全貌。故事的主角乔纳森到罗马尼亚的古堡中拜访德拉库拉伯爵，想说服他购买在伦敦的房产，但随后发现古堡中的"人"都是吸血鬼。德拉库拉已启程前往伦敦了，为了阻止他酿成大祸，乔纳森和妻子便开始了与德拉库拉的生死追逐……

不同时代、不同年龄的人对这本书有不同的解读。书中涉及正邪之争、性别关系等的情节，轻轻地叩打着青少年懵懂的心，引导他们慢慢接触这些命题。

经典作品的必读性无须赘言，但我偶尔也想换换口味，看些"新"书。我选《绿房间》(作者：Robert Campbell，插图：Valentina Russello)为新秀作品的代表，不仅因为它曾获国际奖项，更因为它的时代感和现实感。《绿房间》反映了青少年的共同问题，如关于朋友关系的困惑、面临选择时的挣扎等。同时，书中描写了英国青少年的生活细节，生活方式和文化的差异让人觉得很有意思。《绿房间》的作者曾经也有过演员梦，他参加过的表演培训班曾经出过不少著名演员，如《魔戒》精灵王子奥兰多·布鲁姆。作者在这个表演培训班的经历给了他灵感，写下了《绿房间》。

这是一个关于两个追寻演员梦的青少年的故事。劳拉出身平凡，内森大有来头，但双方都努力掩饰自己的身份，戏里戏外，全是演技。最终，他们都意识到生活中应坦诚相待，而演技只应留在舞台上的道理。两名主角经历的内心挣扎，相信很多人都经历过；对比现实与小说，自然会得出新的感悟。

［荐书编辑］

李　倩

上海外语教育出版社

［编辑代表作］

《中学英语视听阅读》《黑布林英语阅读》系列

［自我介绍］

在成为编辑之前，我曾经尝试过不同的工作。其中一份工作是当小朋友的英语老师。在与小朋友接触的过程中，他们无定向的思维跳跃和宽广无比的脑洞给想象力逐渐干涸的我注入新的活力。我开始好奇，这些在未来有着无限可能性的小树苗，中间被施加了什么力量，导致他们有的长成直木，有的长成弯木；他们的枝叶为何有绿有黄，他们的花朵为何在那一片区域绽放？我愿意做这种力量的探索者。

［推荐图书］

《曾国藩教子十法》

郦　波　著

复旦大学出版社

［推荐语］

非惟教子　亦在修身

一本非唯教子的教子书

我们习惯于将成长视作逐渐成熟的上升过程。面对孩子的提问，大人常以一句“你不懂”搪塞了事。这里面往往既有成年人面对孩童时的捉襟见肘，也有成年人对人类童年时期洞察力与理解力的低估。国人还常爱对幼童施以逗弄，孩童心急无助之下哇哇大哭，引得一众围观者哄堂大笑。如此种种，皆反映出大人在孩子身上投放期望，却没能给予其实现这些期望所应具备的养分——比方尊重，比方言传身教。太多时间被误用，太多信赖被辜负，太多求助得不到正确的回应，太多家庭之中更需要接受教育的其实是成年人自己。如何与孩子相处是一门大学问，相处之道以先是自处之道：懂得如何与自己相处的成年人，在处理与孩童的关系时才更能游刃有余。回到“教子”，现今中国家长教育子女时过于倚重能立竿见影的技能的习得，殊不知行为习惯的培养与生活智慧的传导才是基石，才是隐性的起跑线。

复旦大学出版社
微信公众号

由是，我要推荐郦波教授在复旦大学出版社新出的小书《曾国藩教子十法》。

首先，这是一本有意思的书。曾国藩本就是很有趣的一个人，一生趣事无须加工拿来就能当段子，而郦波教授在央视“百家讲坛”主讲曾国藩家训时也展现出风趣儒雅的真性情，两相结合之下，曾国藩与咸丰皇帝之间的爱恨纠葛在《曾国藩教子十法》中便成了“一个耿直的员工和他的老板之间的故事”。书中，曾文正公所秉持的教育理念被浓缩为“一省、二静、三勤、四和、五诚、六学、七明、八挺、九趣、十恒”十字，作者深入浅出地分篇加以解读，各篇以曾氏语录为纲，辅以鲜活事例，行文之幽默不输曾国藩本人。

其次，这是一本有意义的书。曾国藩不仅一生重视家庭教育，更极擅于智慧地开展这一教育。钱穆评价其“算得上是一个标准的教育家”,《曾国藩家训》也被誉为“千古家训之首”。《曾国藩教子十法》最为成功之处，便在于将曾国藩的教育思想恰切地移植到当代语境之中，以十万字的精锐篇幅，对当下中国社会应有而实无、应扬而实抑的一些思维方式作了及时的强调。如《序》中所言，教子十法，“非惟教子，亦在修身”，曾国藩的为父、为夫、为师、为人之道在其中融会贯通，不同人以不同身份、同一人以不同身份，会在其中读到不同的东西。

书稿付印前，郦波教授在责编草拟的《内容简介》末尾添了一句话：“本书所期待者，惟有心人之一粲、一思、一悟。”露齿一笑而后有所思悟，大概也是跨年可有的气氛。

［荐书编辑］

毛蒙莎

复旦大学出版社

［编辑代表作］

《曾国藩教子十法》《中国知识分子十论》(修订版)《探索法国》

［自我介绍］

本科就读于南京大学汉语言文学专业，硕士就读于伦敦大学国王学院（King's College London）英国文学专业。

爱美食，有“酒肉”朋友若干；爱旅行，不喜穷凶极恶地观看；爱艺术，学艺不精不影响流连于各大博物馆音乐厅。

不讨厌做事，但更喜欢不做事。没什么执念，也没什么条条框框。随心任性，偶尔对自己无语。相信经过比较或说服的喜欢都不是真喜欢，真喜欢是一种脱离参照系的绝对感受。

［推荐图书］

《迪士尼大电影双语阅读 · 疯狂动物城》

美国迪士尼公司　著　　信　艳　付远山　译

华东理工大学出版社

华东理工大学出版社
微信公众号

［推荐语］

书上的迪士尼电影

如果问近年什么动画电影最火？想必很多人都会回答《疯狂动物城》。一上映，它便刷爆网络、好评如潮，很多人去电影院刷了一遍又一遍，笑得眼睛都快“化”了……正义的朱迪、聪明的尼克，最最最重要的还有超人气树懒闪电，又有多少人模仿过他那慢吞吞的萌样呢？

《迪士尼大电影双语阅读 · 疯狂动物城》为电影《疯狂动物城》同名中英文小说，由迪士尼官方授权，华东理工大学出版社倾情打造，与电影同步推出。一经上市，便受到了广大读者的欢迎，不到一年的时间里销量过十万册。本书英文版本为美国兰登书屋出版的 *Zootopia the Junior Novelization*，中文由《达 · 芬奇的密码》译者朱振武教授领衔翻译，英文地道，译文优美。在内容上，采取中英双语对照排列，配有大量实用英文单词注解。在设计上，采用法式软精装 + 彩色丝带书签设计，精心挑选的浅黄色纸张以及小小的插图都有助于缓解视觉疲劳。同样的故事，不同的媒介，带给大家不同的视觉盛宴！

之所以打造“迪士尼大电影双语阅读”这一系列图书，是想让孩子主动去阅读、快乐去阅读，用孩子们感兴趣的题材去点燃他们英语阅读的兴趣。同时，因为是给孩子的阅读材料，所以内容导向也非常重要——必须是“有营养”的，可以给孩子打“精神底子”的。就像曹文轩教授说的那样：“故事中的善、美和智慧，能用特有的方式表达出来，能与孩子的认知能力相呼应，能帮孩子确定基本的、合理而健康的存在观、价值观以及高雅的情调与趣味。”而这也是迪士尼所强调的，迪士尼的故事用孩子的语言传达了真善美的普世真理：《海洋奇缘》鼓励孩子要敢于冒险，要勇敢向前；《疯狂动物城》鼓励孩子要坚持不懈，梦想即会成真；《海底总动员》则让孩子看到了亲情的伟大……

「荐书编辑」

黄 娜

华东理工大学出版社

[编辑代表作]

“迪士尼大电影双语阅读”系列、《带着英语去旅行》《畅游澳大利亚》

[自我介绍]

因为忍受不了自己辛辛苦苦写出来的稿子出版后与想象中差距过大，故下定决心逃离北京，来到上海成为一名小策编，专业实现作者的图书“梦”。不是处女座，却有着处女座“追求完美，吹毛求疵”的小调调；喜欢挑战，喜欢尝试各种新鲜事物；有着天马行空创意，有着自己的小坚持；动手能力强，情商略低，正在慢慢修炼中……

［推荐图书］

《成长日记》

陈锦华　王连锁　主编

第二军医大学出版社

第二军医大学出版社
微信公众号

［推荐语］

属于大学生的成长日记

青春是人世间最美好的字眼，“恰同学年少，风华正茂”，从生理上说，大学生已经基本成熟，但从“心灵成长”这个维度来说，他们可能还是青涩的，是个“大小孩”。

作为大学生心理塑形和健康成长的辅导书，本书包括在读大学期间必须了解和必然面对的人生问题，包括对生命的认识和尊重，对挫折的正确态度，交友与恋爱的慎重选择，以及对人生的规划和事业的蓝图描绘等现实且紧迫的问题。

全书打破传统说教式教科书的叙事手法，站在大学生的视角，用“日记”文体引入，再辅以伟人的励志故事展开讨论，高屋建瓴但不居高临下，娓娓道来，谆谆教诲。

值得一提的是，该书邀请到知名插画师精心创作了上百幅插图，使读者在启迪智慧的同时获得欣赏美的愉悦感。在书籍的整体设计上，大胆采用现代设计的理念，色彩明快艳丽，形式活泼新颖，引人入胜。

该书适合大学各专业学生阅读，也可供辅导员和人文、心理系教师教学工作时参考。

「荐书编辑」

邬　懿

第二军医大学出版社

[编辑代表作]

《成长日记》

[自我介绍]

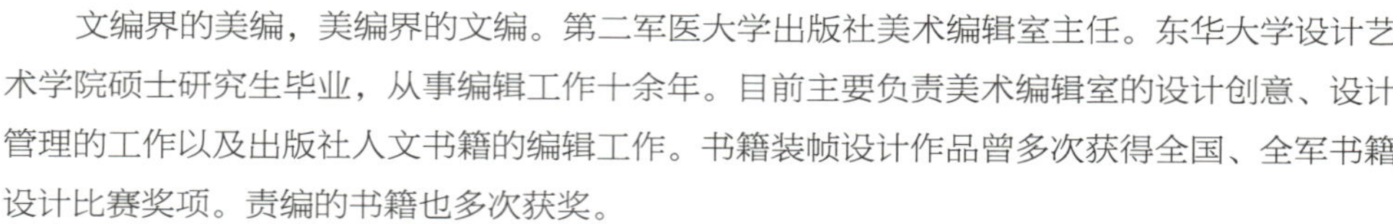

文编界的美编，美编界的文编。第二军医大学出版社美术编辑室主任。东华大学设计艺术学院硕士研究生毕业，从事编辑工作十余年。目前主要负责美术编辑室的设计创意、设计管理的工作以及出版社人文书籍的编辑工作。书籍装帧设计作品曾多次获得全国、全军书籍设计比赛奖项。责编的书籍也多次获奖。

「推荐图书」

《秸秆的妙用》

[比利时] 冈特·鲍利 著 李欢欢 译

学林出版社

学林出版社
微信公众号

「推荐语」

学做地球文明小卫士

手捧一本"冈特生态童书"，与孩子共同阅读其中精彩的故事，学习生态环境保护小知识，争做地球文明小卫士！双语阅读还能提高英语水平哦！

第一次看到这套童书的时候，我就立刻被吸引并喜欢上了，从社长那里借了一套，闲暇之余便很快将一辑的 36 本读完。《秸秆的妙用》是"冈特生态童书"系列之一，用水稻种子和胡萝卜之间的对话，以浅显易懂的表达方式告诉小朋友们，随意焚烧秸秆会导致空气质量变差，只有坚持绿色环保资源循环利用的理念，将其转化为一系列天然化学品，才能实现人与生态和谐。书中的每一幅画面风格都很简单，但精美且细腻，栩栩如生，让人每打开一页都会爱不释手。最重要的是，它不是一套简单的儿童绘本，而是一套具有丰富自然情怀且提倡生态环保意识的读物。认真仔细阅读，会在每一篇的小故事中发现很多日常生活中不曾注意到的绿色环保小细节，能让孩子从小就在家长的引导下，热爱并保护我们共同生活的地球。

这套书是站在孩子的角度，用孩子的眼睛看世界，看完这套童书中的任何一本，都会懂得许多个小知识，懂得人与自然和谐相处的必要性，进而从自己做起，甚至感召自己的父母一起，将生态环境意识扎根于心。这与当前的经济社会大发展休戚相关，近年来，人们对生态环境的关注已提升到了前所未有的高度。作为本社与国家环境保护部宣传教育中心联合重磅推出的儿童绘本，面向中小学市场的拓展类读物，这套书最吸引人的便是"生态"二字。要改善生态环境，除了从国家层面的全方位治理之外，更需要我们从自己做起，从现在做起，从少年儿童做起，培养他们的生态意识，树立环境保护理念。

“冈特生态童书”的作者是国际著名生态活动家、“蓝色经济”概念创始人冈特·鲍利，他以当前地球生态面临的诸多现实问题为蓝本，讲述了许多生动有趣的童话故事，如“苹果会飞吗”“种出来的房子”“红色稻米”等，并将这些有趣的故事用一幅幅生动的卡通画形式进行呈现。希望孩子们能够懂得“不要奢望让地球为我们创造更多的资源，而要更善于利用地球现有的资源”，从而构筑了一个完整的生态教育体系。

［荐书编辑］

程 洋

学林出版社

［编辑代表作］

“冈特生态童书”第二辑

［自我介绍］

华东师范大学环境科学系毕业工科女，傲娇的伪文艺女青年，爱玩爱笑爱生活，不折不扣吃货一枚，在减肥的道路上越走越远。在校期间曾于学生会新闻部负责院刊制作、海报绘制等工作，与编辑一职有了初步接触。毕业后开始真正从事编辑工作，“星际精灵蓝多多”是在此期间的处女作，也渐渐学会组稿、策划及后续宣传推广的一系列知识。虽是初入职场的菜鸟编辑，成长之路仍然漫长，但希望在以后的职业生涯中能够出版有意义、有意思、得到大众认可的书，让更多的读者在阅读中收获知识，找到乐趣。

「推荐图书」

《小荞，吃饭啦——营养师妈妈育儿手记》

王佳蕾　姜　涛　著

中国中福会出版社

「推荐语」

中国中福会出版社
微信公众号

让宝宝爱上吃饭

依稀记得，在我自己小时候，吃饭不好是要被当作缺点而受批评教育的。而这本书的作者却说“挑食不是宝宝的错！”“天热就没有好胃口？”仿佛一下子就戳中了我的痛点。

细细读来，原来这本书记录了小荞从离乳到 3 岁这段时期发生的饮食方面的各种问题，比如含饭不咽、挑食、过敏等，身为营养师的妈妈分析了问题的成因，提供这些问题的解决方案以及适龄的菜品、点心的家庭制作方法……不过如果仅是这样，那还不值得被编辑隆重推荐，因为在这本书后面，还有更“高大上”的专业团队。

由宋庆龄女士亲自创办的中国福利会托儿所，秉承“让小树苗健康成长”“把最宝贵的东西给予儿童”的理念，在婴幼儿营养的理论研究和实践探索中始终走在全国前列，是国内最早开展 0—6 岁全程化膳食研究的机构之一，专注宝宝营养研究六十余年，在食疗健身、食补强身、体弱儿和肥胖儿的饮食疗法方面都取得了引人注目的成就。

本书作者王佳蕾是中福会托儿所的高级营养保健师，也是一位小宝宝的妈妈。自从做了妈妈，她的小荞就和其他宝宝一样，给她出了一道道难题：不爱喝水爱喝果汁啦，节假日生活节律紊乱啦，生病胃口不好啦……而作为营养师，她又以专业的敏感捕捉到这些表象下隐藏的问题。所以，小荞的妈妈就像是武林高手，见招拆招，化解了一个个喂养上的难题。

小荞妈妈不仅从专业上解读了孩子喂养上的问题更请来了小姜叔叔——这位曾经的梅龙镇酒家的大厨、国家烹饪技师，为小宝宝们设计了色香味俱全、营养丰富的儿童餐。不仅如此，自从到中福会托儿所掌勺之后，小姜叔叔的菜越来越有童趣，爸爸妈妈跟着小姜叔叔学做菜，定能做出可爱又美味的菜品、点心和零食，激发宝宝们食欲大开，难以拒绝。

「荐书编辑」

凌春蓉

中国中福会出版社

[编辑代表作]

《小荞，吃饭啦——营养师妈妈育儿手记》

[自我介绍]

从师范大学毕业后，我没有顺理成章地成为教师，而是凭着自己的兴趣选择进了出版社，编辑这份工作一干就是十几年，真是应了那句“陪伴才是最长情的告白”。从入行时的懵懂，到对行业不景气的迷惘，再到亲历童书的崛起，不得不说，编辑是一份充满等待和忍耐的工作，对于这份职业，我觉得路还很长，我们还有诗和远方。

「推荐图书」

《迷人的大书架》

郭之武　文　　何谦工作室　图

中国福利会出版社

中国中福会出版社
微信公众号

「推荐语」

书架上有没有你的故事？

《迷人的大书架》是我们在 2014 年 6 月推出的一本图画书。见到作者最初拿来的稿子时，那鲜明的油画风格一下就吸引住了我。我翻开这本书，阅读的新鲜感便一直跟随着。复调一般反复出现的“书架”，和神秘叔叔说的“只要读书，一定会有好事情发生”，就像两条线索，牵引着这本讲述“书”的书自然推进。

不同身份，不同年龄的人一个接着一个地出场，他们每个人都从书架上拿走了一本自己想要的书，不同空间里的新故事便又开始了。说大书架迷人，是因为我们都不知道下一秒谁会拿走哪一本书，又会和书发生怎样的“好事情”。

看，一位强壮的拳击手来了，他拿走的是一本教人种花的书。他按照书上教的办法，竟然种活了一朵花儿！拳击手的样子看起来有点凶，又有点鲁莽。但当他小心地看着、闻着花儿时，脸上的表情又是多么温柔啊。在这里，强大的力量和微小的美发生了奇妙的化学反应，真叫人惊喜！

拳击手拿的是一本教人种花的书。

准备好花盆、泥土、水壶，等等。

这朵花会活过来吗？

真的活过来了！每次闻闻花香，再练习拳击，会让人更有力气！

再往后看，一个一个人拿走了一本一本书。书是什么呢？在爸爸的手中，故事书是给女儿的晚安吻；在不羁的年轻人手中，书是沟通音乐和心灵的桥梁；在魔术师手中，书是奇妙的冒险；在老奶奶手中，教人打毛线的书，寄托了好多好多对远方孙子的爱。最后，就连猴子们也成群结队悄悄来了。在顽皮的猴子手中，书成了狂欢的玩具，似乎也很有趣味……

作为一本童书，《迷人的大书架》会让孩子们愿意跟着这本书去寻找阅读中藏着的“好事情”。也许，孩子们读完这本书，会学着在心里放上一个小小的书架，每放进一本新的书，就成长一点、快乐一点、丰富一点。

从拿到稿子的那一天，我心里就这么期盼着。我们是大人，也曾是被书架上的故事滋养过的孩子。孩子迫切地需要被文学的故事滋养着，我们精心地送上这样一本书，可以请家长试着从一个书架的故事开始……等有一天，孩子长大了，成为天文学家、画家、拳击手，成为爸爸、妈妈或是一个奶奶，到那个时候，他们的故事也会出现在书架上，被取走，被传阅，被读出新的生命。

[荐书编辑]

许东尧

中国福利会出版社

[编辑代表作]

《迷人的大书架》《儿童时代·幸福宝宝》、儿童时代系列图画书

[自我介绍]

儿童文学硕士，喜欢书，喜欢童书。喜欢做童书，喜欢自己每天在做的这些最美的“儿童时代”原创图画书。为什么要做编辑呢？因为白天可以在办公室编织中国原创图画书的精彩，晚上回家继续品味世界童话的芬芳，嘻嘻，满满的幸福感！

科

普

「推荐图书」

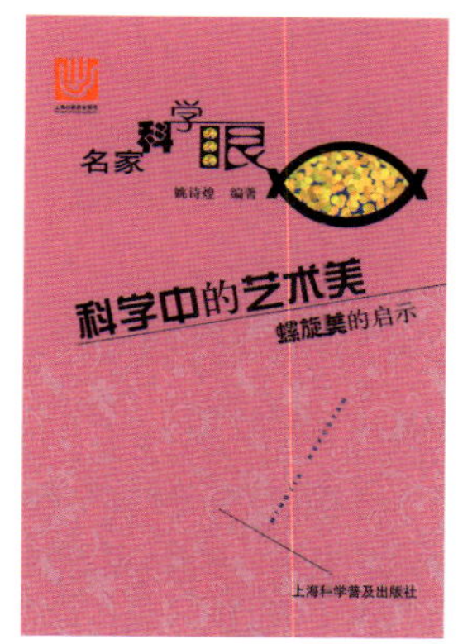

《科学中的艺术美——螺旋美的启示》

姚诗煌 编著

上海科学普及出版社

上海科学普及出版社
微信公众号

「推荐语」

发现科学美

每年上海举办科技周，其中都有一项重要的活动——上海国际科学与艺术展。由于科学和艺术有着不同的规律和特点，因此，长期以来人们常谈论着科学的严谨、抽象和纯理性，却忽视了科学与艺术之间的某些姻缘与联系。实际上，科学中也有着美学的因素。一项出色的科学理论和艺术一样，往往也具有审美的价值。对美的追求，同样体现在科学技术的创造活动之中。科学与艺术是人类智慧世界中两座最为流光溢彩的殿堂。

以抽象的逻辑思维为特征的自然科学，之所以能包含着美学的因素，是因为科学定理、理论、学说，都是自然规律的反映和概括，而自然界是充满了美的。从浩瀚的宇宙天体到精微的基本粒子，从生物的进化到生命的奥秘，自然界万物运行有序、和谐统一，构成一幅幅美妙的自然图景。科学美和艺术美一样，也是自然美的一种反映。但艺术美是对自然美在感性上的把握和表现，而科学美则是自然美在理念上的观照。因此，科学美更是一种理性的美、智慧的美、内涵的美。

要激发人们对于科学的兴趣，一定要发掘出科学中最具美感的东西，将其介绍给广大读者，尤其是青少年，激发他们对于科学的兴趣，促使他们热爱科学、追求科学。所以，我们编辑，不能仅仅停留于知识的介绍，更要注重于涉及科学内涵层面的阐释，这其中就包括科学中的美。正如《科学中的艺术美——螺旋美的启示》中所提出的：通过科学与艺术的融合，丰富科学家和艺术家的想象力，提高广大公众的科学素质。科学的素质，不仅在于对科学知识的掌握；更在于培养一种能够欣赏科学美的情趣，获得理性美、智慧美的熏陶，从而能从科学的进步和发展中汲取精神的营养。

[荐书编辑]

刘湘雯

上海科学普及出版社

[编辑代表作]

《中国航海博物馆藏品画册》《动物特种兵》《高科技与现代武器——传说中的隐身术》《造福人类的生物工程——创造生命的“魔法”》《科学中的艺术美——螺旋美的启示》

[自我介绍]

从学校出来就进入出版社，在出版流程的多个岗位上工作过，最后在编辑这园子里扎下根来，在社里算是老出版人中的新编辑。随着新媒体、多平台营销的涌现，凭借自己计算机、设计上的专长，努力尝试新媒体宣传展示方法。作为一个新编辑、新妈妈，希望能和自己的龙宝宝一样，在编辑这块土壤里不断成长、不断学习……

「推荐图书」

《燕子医生漫画笔记——心脏检查》

陈海燕 著

上海科学普及出版社

上海科学普及出版社
微信公众号

「推荐语」

健康生活，从心开始

《燕子医生漫画笔记——心脏检查》是由上海科学普及出版社出版，由我担任责编的一本医学科普绘本类图书。本书的作者也就是燕子医生，是复旦大学附属中山医院心脏超声诊断科主治医师，对于心血管疾病，尤其是结构性心脏病具有出色的诊断能力，曾荣获中华医学会承办的“首届全国心血管影像病例大赛”一等奖，也曾应邀参加过全国首档医学电视演讲节目《健康演说家》，并荣获特别奖。本书于 2017 年底荣获由中国科普作家协会医学科普创作专委会主办、人民日报社《健康时报》承办的首届“健康中国优秀科普作品”奖。

策划这本图书的契机，正是因为陈医生在心脏检查工作中发现许多患者不清楚各类心脏检查到底有什么区别，事前也不知道每种检查需要提前做什么准备，所以到了做检查的时候总是要花很多时间来解答患者的疑问，还要一遍遍反复告知检查的注意事项，这样往往使得做检查的时间拖长，也降低了效率。正巧陈医生喜欢画漫画，于是决定用生动有趣的漫画配上浅显易懂的文字，来为大众科普心脏检查的知识。在和作者一同商议漫画与文字的编加过程中，更加深切地感受到将常用于少儿图书的绘本形式用于医学科普图书，不但形式显得新颖，而且有事半功倍的科普效果。一方面，如今年轻读者都是在读图时代成长的一代，绘本形式更贴合他们的阅读偏好；另一方面，为了更容易让老年读者理解这些比较艰深的医学知识，作者特意绞尽脑汁用生活中的具象事物来类比，譬如将心脏结构与我们居住的房屋结构进行类比，使读者通过通俗简练的三言两语就抓住重点。

在介绍各种心脏疾病时，譬如谈到心脏疾病“早搏”时，作者画了一个蹑手蹑脚、偷偷摸摸走路的小偷，来形象化地表达那种因为早搏而引发的如同做贼般的心悸、心慌。这些妙趣横生的漫画也在不知不觉中舒缓读者阅读医生科普图书的心理压力。健康是幸福的基石，医学科普图书则为健康保驾护航。而我相信，寓教于乐才是医学科普图书最正确的打开方式。

「荐书编辑」

丁　楠

上海科学普及出版社

[编辑代表作]

《胎教圣经》《上海公民科学素质发展趋势和对策研究》《大众科学史》《燕子医生漫画笔记》

[自我介绍]

与其正儿八经地介绍自己研究生读的专业是英语语言教学，在上海科学普及出版社主要负责文教、科普类图书的编辑工作，我更乐意告诉大家，我其实是个 24 小时脑内小剧场连轴转，典型脑洞无限的水瓶座星人。跟所有编辑一样，或多或少，都有点文字痴迷癖好，私下更钟情阅读心理学和传记类图书。从事编辑工作也有七八年的时间，如果说有一些个人切身感触的话，那就是必须在工作中秉持“匠人精神”，纵然编辑是一门遗憾的艺术，但如同冈仓天心在《茶之书》中将茶道描述为“试图在我们所知的生命无穷尽的不可能中，来成就那些微小的可能”的温柔试探，我也认为编辑每一本图书过程都是一种试图在我们所知的生命无穷尽的不完美中，来成就那些微小的完美的温柔试探。

［推荐图书］

《活到 100 岁——名医谈疾病》

上海新闻广播 《活到 100 岁》栏目组编

上海科学技术出版社

上海科学技术出版社
微信公众号

［推荐语］

合作出版，助力市民健康

《活到 100 岁》系列图书是上海科学技术出版社与上海新闻广播合力打造的一套保健类图书，《活到 100 岁——名医谈疾病》是其中一本。在整个出版过程中，本着打造“精品”图书的要求，严把质量关，无论是前期策划，还是中期审稿、装帧设计及后期印刷等各个制作环节都力求精良。

1. 依托经典节目，深入满足民众对高水平专业健康资讯的渴求。《活到 100 岁》是上海新闻广播的一档经典节目，该节目每天邀请一位上海三级甲等医院的知名专家，为广大民众提供健康资讯，解答健康问题，给予专业诊疗建议。自开播来，收听率一直在同时段节目中名列前茅。四年来，节目不仅深入民意、深得人心，更是积累了丰富的健康医疗资源。本社与该节目合作，将其近四年来有关慢性病、多发病防治、健康管理理念和健康生活的精华内容筛选整理、精编成书，可以深入满足民众对高水平专业健康资讯的渴求，从而普惠大众。

2. 集权威专家，去糟粕，正视听。随着我国人口老龄化程度的加重，中老年人对健康的需求和渴望日益迫切。在整个社会看病难的现实面前，中老年人很难便捷有效地获取多科室、多医学专家有关健康管理、慢性病防治的权威指导。同时，囿于接受习惯和知识结构，中老年人面对互联网的海量医疗保健信息往往难辨真伪，面对众多打着某某专家旗号的出版物也难辨良莠，容易被误导误诊。本书汇聚上海地区 80 余位临床一线专家，体现权威医疗观点，内容科学可靠，能够端正视听，传播正道。

3. 内容编排新颖独特，版式轻松活泼。该书紧紧围绕“人体十大重要脏器”的常见慢性病、多发病，通过“关键词”，提示中老年人容易出现的健康问题或疾病，每个标题配以撰文专家的简要介绍和门诊时间等，以方便民众获得更多的医疗信息。图书采用轻质纸双色印刷，正文使用偏大号字体，配以线条图和小贴士等，版式轻松、活泼，精美而简洁，方便读者阅读。

［荐书编辑］

宋惠娟

上海科学技术出版社

［编辑代表作］

“活到 100 岁”系列图书、“抗癌必修课”系列图书

［自我介绍］

上海科学技术出版社医学编辑，2003 年毕业于吉林大学白求恩医学部（原白求恩医科大学）临床医学专业，毕业后即入行医学出版，一做已 10 余年。虽然编辑是为他人做嫁衣，但医学出版一直都是我最喜爱的工作，因为我认为编辑更像是一架桥梁，一头是作者，一头是读者，拜访医学专家是我乐此不疲的兴趣，我在工作中享受着这份满足，出版读者喜爱和认可的图书，是我最开心的收获，我一直在努力着。

「推荐图书」

《妊娠》

英国 DK 公司　编著

范建霞　程蔚蔚　译

上海科学技术出版社

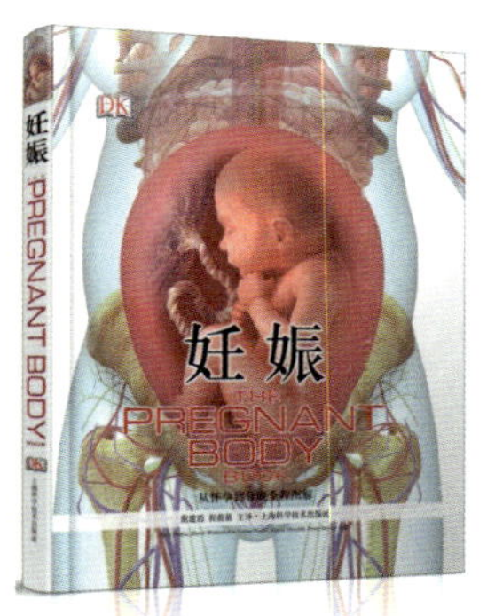

「推荐语」

一本书了解妊娠全过程

《妊娠》是由英国著名的 Dorling Kindersley 公司继《人体》之后最新出版的有关人体结构、功能和疾病图谱的又一力作。该书出版主要得益于当前发达的医学成像技术和色彩丰富的绘图质量，并由中国福利会国际和平妇幼保健院的专家倾情翻译（范建霞、程蔚蔚主译）。《妊娠》继承了《人体》的基本框架结构，内含几百幅精美的图片、艺术照、多维超声图片扫描，配以简洁的文字描述，将胎儿和母亲在孕期的每个月细微的变化以直观易懂的方式呈现给读者。《妊娠》还向读者清晰展示了妊娠人体的解剖结构、受精卵的形成、分娩的全过程，以及遗传物质的作用、性医学、孕期常见合并症与并发症、孕期保健等知识，使读者了解妊娠的发生、发展过程及妊娠相关疾病的病因及处理方法，值得各层次读者阅读和珍藏。

上海科学技术出版社
微信公众号

「荐书编辑」

陶 俊

上海科学技术出版社

[编辑代表作]

《四肢显微修复外科学》《数字脊柱外科学》《脊柱外科手术解剖图解》《妊娠》

[自我介绍]

西医编辑部策划编辑，硕士，毕业于上海交通大学医学院，曾经的“妇产科男医生”。主要的出版作品为医学专业图书，尤其擅长国外优秀图书的引进策划。因此，我的主要工作就是在国外茫茫书海中挑选优秀作品，“语不惊人死不休”的性格使我对作品的选择要求非常严苛。文字内容、图片、排版与装帧设计都要出类拔萃方能入我“法眼”。

「推荐图书」

《透过哈勃看宇宙》

［英］奥利·厄舍 ［丹麦］拉尔斯·林德伯格·克里斯滕森 著
朱达一 周 元 译
上海科学技术文献出版社

上海科学技术文献出版社
微信公众号

「推荐语」

可能是颜值最高的科普书

“在哈勃望远镜之前，天文学家们未曾一睹系外行星的芳容，不曾获悉宇宙的年龄，也从未观测到宇宙创生之初的星系。”

首先，这本书颜值超高！霸气——各种星云、恒星三百六十度无死角的素颜；超乎想象——成像质量异常清晰，能够全方位地超越世界上任何一架正在运行的天文望远镜；奇异的视角——哈勃空间望远镜身处大气层的上方，为人类开启了一扇新的宇宙之窗……其中很多星图之前从未在科学界之外为人们所知。

其次，本书天生带感，气质出众。本书的作者拉尔斯·林德伯格·克里斯滕森是国际天文联合委员会第 55 届专业委员会公众科普的主席，同时他也是获得第谷·布拉赫勋章最年轻的获奖人。这是一位玩转天文科普纪录片导演、天文展示策展人、天文科普杂志主编等角色的科普传播人。

本书的两位译者朱达一和周元都来自于正在筹建中的上海天文馆，他们还邀请拉尔斯为《透过哈勃看宇宙》专门撰写了中文版的序言，这可是本书的英文版和德文版中都没有的呢！

“哈勃所拍摄的一些著名照片现在已经家喻户晓，广泛出现在电视、音乐专辑的封面、报纸以及电脑游戏之中。而在这个现象的背后，则是一种对于哈勃所拍摄图片的艺术之美以与其背后所蕴藏的科学原理之间完美结合的认同。”

自从 1957 年发射了第一颗人造卫星，开启了太空时代，人类就对宇宙中那些遥远的疆域充满了求索的欲望。中国，“作为比全世界任何一个国家更具天文传统的国度”，一直在响应宇宙大航海时代的到来。

如果把哈勃望远镜比作航海时代的灯塔毫不为过，那么《透过哈勃看宇宙》就是一本不可不读的航海日志，它记录了人类在探究宇宙的征程中的悲欢起落。哈勃就像一个拥有真实人生的本尊一样，伴随着诞生之初的欢呼，经历了修修补补，带来了无数光辉灿烂的时刻，最终，哈勃也将走近自己生命的终点——阅读它的人生记录，永远能使人们感受到来自宇宙深处那悠远的召唤——我们的征途，是星辰大海。

［荐书编辑］

李　莺

上海科学技术文献出版社

［编辑代表作］

《原来如此》丛书、《外国记者眼里的抗日战争》《透过哈勃看宇宙》

［自我介绍］

上辈子是条书虫，这辈子仍然是，只是随着年龄增长，变得更加挑食了一些。

「推荐图书」

《数学游戏与欣赏》

[英]劳斯·鲍尔 [加拿大]H·S·M·考克斯特 著 杨应辰 译

上海教育出版社

上海教育出版社
微信公众号

「推荐语」

带你领略数学的非凡魅力

当心，翻开本书的你一定会被本书丰富有趣的数学游戏紧紧抓牢！

数学作为自然学科的基础，其重要性不言而喻。现代数学给我们带来的不仅仅是庞大复杂的知识体系，更重要的是纯理性的逻辑演绎思想。本书从一个个数学小游戏出发，带领读者感受数学的非凡魅力。

本书以不同的数学内容板块分类展开。翻阅本书，一些时常出现的数学小问题小故事都得到了解决，稍加改编，就成为一个个数学小魔术，也可以成为教师所用成为课堂的小课题；而随着章节的深入，内容越来越迷人，也越来越烧脑。

喜欢数学的小伙伴们，敢不敢迎接挑战呢？

本书内容丰富多样，精彩纷呈，不仅包括算术游戏、几何游戏、算术趣题、几何趣谈、多面体、幻方等篇章；而且包括棋盘上的游戏、魔方、地图染色问题、一笔画线问题、密码编制与密码破译、单行线问题、三个古典的几何问题、心算神童等内容。本书以数学话题或数学小游戏向人们提供了消遣与享受，这些题材包含着基本的数学方法和概念。本书自 1892 年初版后，再版修订十二次并又重印已十几次，足见其广受西方大众及学者的赏识与欢迎，盛誉经久不衰。

作者劳斯·鲍尔是英国著名科普作家和数学专家，广见多闻，博古通今，著有《数学简史》《剑桥数学研究史》等学术专著；H·S·M·考克斯特为多伦多大学教授。本书主要译者杨应辰为北京航空大学的数学教授，著有多本学术专著和多本数学类科普图书。

［荐书编辑］

缴　麟

上海教育出版社

［编辑代表作］

《数学游戏与欣赏》《数学教师的专业教育与发展》《证明的教学：从幼儿园到大学的视角》

［自我介绍］

燕赵人士，生于80末，复旦数学系出身。走出学校便进入上海教育出版社，工作五年来，工作范围由中小学数学教材至教育理论读物、数学科普读物、全国重点书面面俱到。性格动静文理两相宜，可以伏案加工书稿，更能外出组织活动。

做好书是我身为一名编辑对自己的第一要求。希望自己做的每一本书都能深受数学爱好者喜爱，希望每一位爱数学的读者都能享受纯粹理性，畅游数学海洋。

[推荐图书]

《探索大自然——向动植物偷师学艺的 55 个实验》

[塞尔维亚] 托米斯拉夫·森坎斯基 著 沙玮琦 魏桢琦 译

上海科技教育出版社

上海科技教育出版社
微信公众号

[推荐语]

酷爸爸养成计划

也许每个人的心里都住着一个酷爸爸，他面目慈祥，性格坚毅。他除了和好爸爸一样认真工作按时交税以外，还有着一些不为人知的特别之处——他是动物界的百事通，能认出各种稀奇的动物；他知道各种动物的生活习性，知道在哪里能与它们不期而遇；他是植物界的智多星，哪个节气什么花好看、什么菜好吃绝难不倒他。他会骑自行车，常载着你去野外追逐那些发着荧光的小昆虫；他有些小调皮，会和你一起瞒着妈妈，去大自然里撒点野；他也很够义气，挺身而出告诉妈妈是自己踩脏了客厅里的地毯。

更酷的是，他是个能工巧匠，会用身边的废弃之物做些有趣的小玩意。比如，在水中喷射“燃料”的小火箭、用松果制作而成的室内湿度计等等。这些小玩意不仅可以让家里的每个双休日都变得有趣起来，还能让你轻轻松松地通过物理考试。比起那些有些教条的爸爸，酷爸爸不太爱说话，但总能用些小实验让你秒懂那些自然界发生的事情。怎么样？这一切听上去还不错吧？

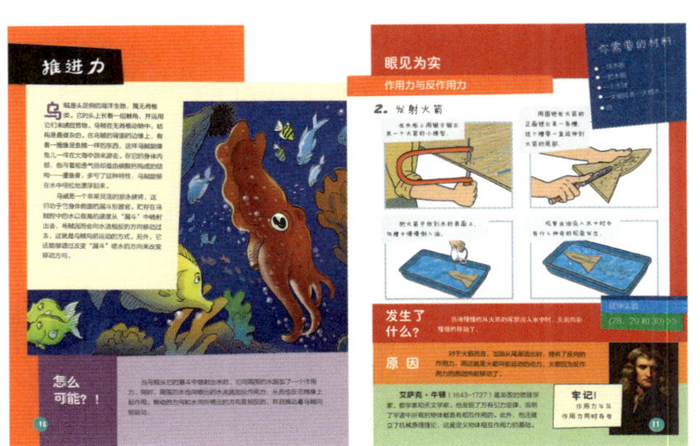

好吧，不管是想成为一个酷爸爸，还是想要拥有一个酷爸爸，这本《探索大自然——向动植物偷师学艺的 55 个实验》是个不错的启发。来自塞尔维亚的酷爸爸托米斯拉夫·森坎斯基描

述了丛林、天空、海岸、草地、农院、池塘等各种大自然环境中可能发生的有趣现象，回答了那些猝不及防的问题，比如：蜘蛛为什么能在蜘蛛网上奔跑，狐狸的大耳朵有什么用，萤火虫为什么会发光等等。而有别于一般图书罗列一堆枯燥的物理理论，本书在每一个深入浅出的解答之后更提供了一个易操作的小实验，让读者从实践活动中触类旁通地加深对于相关物理知识的理解。本书图文并茂，易于阅读，可以让各种野外亲子游变得寓教于乐，而书中提供的配套拓展活动也让各位酷爸爸得以在孩子面前一展身手，秀一秀自己如同魔术师一般的魔力：制作一块不会融化的冰，种一棵会 S 形生长的盆栽，做一枚会扎人的硬币等等。和酷爸爸来一场充满惊奇的远足吧，让我们一起来探索大自然。

「荐书编辑」

郑公易

上海科技教育出版社

[编辑代表作]

《探索大自然——向动植物偷师学艺的 55 个实验》

[自我介绍]

如果以“治大国若烹小鲜”的心态对待工作，那出版人又何尝不像大厨？从万千食材中挑选时鲜的用料，经过清理、改刀、烹调和装盘，让那一道道忠于原味却自成一家的佳肴成为您书橱上可以阅读的盛筵。以吃货的觉悟去做书，珍惜每一个作者，让他们每一次笔耕的收获都能物尽其用；用服务者的心态去对待读者，以求为他们献上最可口的精神食粮；这就是我始终盘算着的那么一件事。

［推荐图书］

《数字的秘密生活：最有趣的 50 个数学故事》

［美］乔治·G·斯皮罗 著　郭婷玮 译

上海科技教育出版社

上海科技教育出版社
微信公众号

［推荐语］

谁说数学比骨头还硬？

不少人恐惧数学甚至是厌恶数学，他们视数学如洪水猛兽，对数学望而却步，觉得数学既枯燥又艰涩，比骨头还硬，数学家更是难以理喻。如果有人在年终聚会场合，背诵几句诗词炫耀才气，旁人一定会认为他饱读诗书、充满智慧。然而如果背诵的是数学公式，那招来的一定是怜悯的眼光，以及“讨厌鬼”“书呆子”的封号。不过，我要为数学鸣不平！谁说数学一定是乏味无趣的？害怕数学的人一定没有真正了解过数学。数学充满了神秘色彩，从来不失有趣；数学家们更是性情中人，他们满脑袋的奇思妙想，将数学应用到了日常生活中。

没有人喜欢排队，数学家也一样，这种不愉快的麻烦事也能用数学理论解决？当你快赶不上飞机了，在自动走道上跑，或者在旁边的地面上跑，哪个更快？数学家们并不是只研究深奥的数学题，他们也很乐意为偷懒和节省时间而动动脑瓜，甚至，对怎样绑鞋带最省力，他们都做了一番研究。

让读者不仅了解数学这门学科的重要性，也能欣赏它的美丽与优雅——这是我在编辑这本书时，感受到的作者的良苦用心。数学家都是怎样思考的？他们的工作到底是什么？他们是如何在日常生活中发现种种与数学有关的猜想并加以证明的？时常有点怪里怪气的数学家们，阅读他们的趣闻和生平也能让你如看小说一般津津有味。

当我纯粹作为一位读者来阅读此书时，抛开了职业压力，似乎更加能感受到它的无穷趣味。英雄般的数学家、《圣经》密码、牛顿的世界末日预言……书中穿插着各种情节丰富、娱乐性十足的小插曲，令数学跨越了生活的每一个层面，带给我一波接一波的愉悦和惊喜。

「荐书编辑」

李 凌

上海科技教育出版社

[编辑代表作]

《数学的足迹》《数学桥》《课本上学不到的数学》《数字的秘密生活：最有趣的 50 个数学故事》

[自我介绍]

虽然毕业于数学系，但我是一个非典型的理科女。爱科学也爱八卦；爱阅读也爱旅游；崇敬改变世界的科学家们也爱漫威旗下的超级英雄。习惯理性思考问题，但偶尔也会异想天开，愿给平凡的生活增添色彩。从事出版行业以来，我担任责编的图书多为青少年科普，尤其是趣味数学方向。编辑的工作大大地丰富了我的知识面，科学家们的奇闻八卦、有趣古怪的数学问题，这些在课堂上学不到的知识也颠覆了我对科学刻板的看法。我愿意将这些我在编辑和阅读中的收获分享给更多的读者，让大家领略到科学的魅力。

［推荐图书］

《镜路人生——Peter Cotton 教授 60 年内镜之旅》

［美］Peter B · Cotton 著 李兆申 译

第二军医大学出版社

第二军医大学出版社
微信公众号

［推荐语］

时间深处，镜路芬芳

传记题材千百种，岁岁年年不失新。漫漫镜路一甲子，人生之旅渐前行。由第二军医大学出版社本年度重点推出，经中华医学会消化内镜学分会主任委员、第二军医大学长海医院消化内科主任李兆申教授主导翻译的《镜路人生——Peter Cotton 教授 60 年内镜之旅》终于与读者朋友们见面了。

Cotton 教授出生医学世家，是世界著名消化内镜学家，于 2004 年被授予美国消化内镜学会最高荣誉鲁道夫 · 申德勒奖。本书从其青年医生时代初涉内镜诊疗领域写起，收尾于他将 ERCP（内镜下逆行胰胆管造影术）技术在全世界推广的辉煌成就，不仅贯穿其整个行医生涯，也见证了 ERCP 技术的发展历程。从悠悠少年到苍苍暮年，整整 60 载，周游世界 50 多国，可以说，他将毕生心血付于消化内镜学领域，系 ERCP 技术的正式命名者与重要奠基人之一。

Cotton 教授早年来华传道授业，膝下学生无数，可谓“桃李满天下”。昔日的学生已然成为今日的学科带头人，且看他们是如何评论本书的。“细细品读，我们不仅可以看到这位世界最著名的 ERCP 专家在学术领域所取得的丰硕成果，更能领略到 Peter Cotton 教授在‘做人、做事、做学问’上所秉持的严谨、坚韧与友善的人生态度。”李兆申主任如是说；“科学是一门不断衍生的学问，而在预计的将来，技术也会迅速地发展。我们昔日的认知，有可能再站不住脚，而我们今天的作为，也很容易会被淘汰。但伟大的良师，和他们的教泽，势将永垂不朽。”中国工程院院士、香港中文大学校长沈祖尧亦深有感触。

本书插图众多，图文并茂。以一个异域人的视角看二十世纪六七十年代的中国，描述之幽默诙谐，不乏风趣。书中不仅讲述了消化内镜医学知识，更生动描绘了世界各地的风土人情，其中还闹出不少“笑话”。读毕全文，有感 Cotton 教授实在是一个可爱的人。

也许绝大多数人都不知道 ERCP，但是这并不阻碍我们去循着一位世界级的大师去探寻中国消化内镜的发展之路，而这为我们了解消化内镜医学打开一扇大门，由此踏上通往大师人生轨迹的“旅程”。

［荐书编辑］

叶　婷

第二军医大学出版社

[编辑代表作]

《镜路人生——Peter Cotton 教授 60 年内镜之旅》《健康促进项目——从理论到实践》《美国军事医学概要》《氧气与健康》

[自我介绍]

人生最大的幸福莫过于做自己钟爱的事。徜徉于书山学海，执着于字里行间。喜欢尝试新鲜事物，热爱旅游、电影，立志成为医学出版界中的文艺女青年。担任多部专著责任编辑，责编图书获“第十三届输出版引进版优秀图书奖”“第十四届输出版引进版优秀图书奖”“2015 国家丝路工程”重点图书项目。走自己的路，做别致的书。每天充满活力，释放正能量，争做一名天马行空的“小太阳”。

附录：

书香上海——沪上最具人气优秀青年编辑名单

（2015—2018年）

2015年度

武泽明　上海外语教育出版社

顾晓清　华东师范大学出版社

汪　俪　上海交通大学出版社

陈涵卿　上海音乐出版社

孙　晖　上海古籍出版社

2016年度

邬　懿　第二军医大学出版社

张传根　上海外语教育出版社

李　倩　上海外语教育出版社

刘湘雯　上海科学普及出版社

唐　吟　上海音乐出版社

黄坤峰　上海书画出版社

徐　捷　上海人民美术出版社

叶　婷　第二军医大学出版社

郑公易　上海科技教育出版社

宋惠娟　上海科学技术出版社

2017 年度

张 睿 同济大学出版社

陈 菊 上海外语教育出版社

曹 颖 中国中福会出版社

李 霞 上海文艺出版社

常剑心 上海世纪文睿文化传播公司

云昊泓 上海音乐出版社

李 玮 上海教育出版社

蒋浚浚 上海外语教育出版社

刘 佳 华东师范大学出版社

段劲楠 上海音乐出版社

2018 年度

陈 盼 上海音乐出版社

丁 楠 上海科学普及出版社

秦 蕾 同济大学出版社

李 凌 上海科技教育出版社

卢 漪 中国中福会出版社

王冰如 华东师范大学出版社

黄坤峰 上海书画出版社

庄际虹 上海大学出版社

朱笑黎 同济大学出版社

公雯雯 上海教育出版社